うまくいかない人間関係逆転の法則

うまくいかない人間関係逆転の法則

うまくいかない人間関係逆転の法則

うまくいかない人間関係逆転の法則

逆轉不和諧人際關係，從此難受、痛苦全數終結

臨床心理師·醫學博士·心理學家
松村亞里 著　陳靖涵 譯

前言

給感嘆「爲什麼老是發生這種事……？」的你

「不擅長處理人際關係，好痛苦。」

「常常牽扯進麻煩事。」

「總是被難相處的人纏上。」

「明明是想幫忙，卻弄巧成拙。」

應該有很多人帶著這樣的想法在過日子。

之所以會遇到這些事，都是有原因的。

你好，我是正向心理學家——松村亞里。

我活用從科學角度研究幸福生活的「正向心理學」，透過不斷舉辦線上交流會和講座，讓更多的人能夠自由地掌握人生方向，靠己力開創幸福人生。

夫妻、親子、婆媳、親戚、朋友、熟人、媽媽友、學校、社區、職場、客戶等，人與人之間的關係類別五花八門。我們每一個人，每一天都在跟某人產生某種關聯，並且對話交流。

拿起本書的你，或許正在煩惱：

「我想要做些什麼以建立更好的人際關係。我必須想想辦法才行。」

你明明很努力，事情發展卻不如預期，沒有看到成效。你越是努力，狀況反而變得越糟。到了這個地步，會讓人感覺陷入僵局對吧？

我曾在大學擔任諮商心理師，但在到任的前半年，完全沒得到任何想要的成果。

我懷抱著「想要盡全力消除學生煩惱」的心情面對，設身處地為學生著想，然而我越是努力，學生的症狀越是惡化，甚至原本自殘的行爲變得更加嚴重。

學生諮商的次數不斷增加，卻都沒有結果。該見的學生人數陸續增加，得花費更多的時間，而我只不過是變得更忙而已。

「我到底哪裡做得不好？」

「我回應了所有的要求，也盡全力了啊……」

我責備起沮喪的自己，後來甚至開始感到憤怒。

「我都這麼努力了，他們爲什麼都不了解！」

那時我學到了兩種思考模式，分別是**改善「弱點」來解決問題的「差距取向」（Gap Approach），以及發展「優勢」來解決問題的「正向取向」（Positive Approach）。**

自從我採取這兩種思考模式之後，諮商多次卻仍未見改善的學生，僅經過一、兩次的諮商就好轉了。**光是稍微改變「看待事物的方式」，我就深切地感受到這確實能夠幫助學生成長。**

在那之後，我在學習「正向心理學」的過程中，學到了**「DDT」（糾纏不清且沉重得讓人生厭的有毒人際關係，膩煩三角↓42頁）和「TED」（使人成長且變得幸福的和諧人際關係，幸福三角↓120頁）**的思考模式，變得能夠清楚地說明爲何稍微改變「看待事物的方式」可以幫助人成長。

其實**不好的人際關係，有九成都是膩煩三角，好的人際關係則有九成都是幸福三角**。

在本書中，我會讓你在理解這兩個三角的同時，用簡單易懂的方式介紹**把不良人際關係，變成良好人際關係的方法**，並且提供實際的案例。

另外，我一定會對第一次來接受輔導的人，提出以下這個問題。

「從你預約當天到今天爲止，有發生什麼樣的變化嗎？」

令人驚訝的是，不少人從預約後就開始產生變化，到晤談當天狀態已經好轉許多。

這是爲什麼呢？**其實人生的變化，是從自己下定決心要改變、採取小小的行動開始發生**。

來輔導的人打了電話，或是寫了電子郵件預約輔導。如同一滴水滴落入平靜的水面般，這個小小的行動對他人生的其他面向造成影響。在那個時間點，他的煩惱已經改善了兩到三成。

同樣的事情，現在也發生在你的身上。

你找到這本書，是因爲你想要改變，你拿起這本書，就是做出了小小的行動。從這一刻起，你已開始改變了。你踏出的這一步，是你脫離膩煩人際關係的大好機會。

正向心理學的研究發現，**幸福的人全都擁有「良好的關係」**。我們生下來的目的是變得幸福，所以學習如何與人相處並擁有良好的人際關係，是極具價值的一件事。

爲人際關係所苦惱的人、想要幫助正在煩惱人際關係的人的各位，不用擔心！你的狀況已經開始好轉了。

就像第9頁的 Before 篇和第225頁的 After 篇所提供的案例，**許多實踐本書內容的人，他們原本以為不可能修復的關係，都漸漸地變好了。**

好消息源源不絕。

「我變得不再害怕與人交往，交到了很多朋友。」

「我與差點離婚的另一半關係有了戲劇性轉變，對方開始支持我的夢想。」

「沒有自信的孩子，自我肯定感突然大幅提升。」

「我與斷絕關係的母親和好，她變得甚至會幫我照顧孩子。」

「沒秩序的班級變得充滿活力，好轉後的狀態讓我受邀成爲訓練課程的講師。」

「原本感覺很憂鬱的同事變得有精神了。」

「缺乏動力的部下，突然變得幹勁十足。」

幸福三角的關係，會讓自己和對方發揮出最大的實力，因此也可以應用在人際關係以外的領域。

例如，因爲未來想要做的事情變得明確，所以離達成又邁進了一大步。

因爲把困難視爲挑戰，所以變得能夠克服。

它眞的是一個可以滿足各種願望的技巧，在建立良好人際關係的同時，還能讓自己和對方的「優勢」發揮到極限，並且有所成長。

請你務必閱讀本書，和我一起抱著開朗又積極的心態，建立起良好的人際關係。

案例故事
Before篇

看見膩煩的人際關係

本書刊載的四個案例，都是根據真實故事所撰寫。
至於他們煩惱的人際關係是如何改善的——
將留待書末的［After篇］（225頁）介紹。

CASE 1

道德騷擾的丈夫與拒學的女兒，導致家庭分崩離析

A小姐（50多歲，與丈夫和念高一的女兒一起生活）

丈夫　「今天的配菜只有這些？」

A小姐　「抱歉……今天工作做不完，回來得晚了，時間不夠。」

丈夫　「守護家庭是妻子的責任吧？我也是累了一天回到家。結果呢，吃這些根本無法消除疲勞。妳工作做不完，八成是妳做得不好吧？還是妳嫌只靠我賺的薪水不夠用？」

唉，又開始了。只要端出的不是他喜歡的配菜，馬上就會演變成這樣。

他還接著說了一大堆不相干的事。

即使道歉也沒用，反駁也只會火上加油。

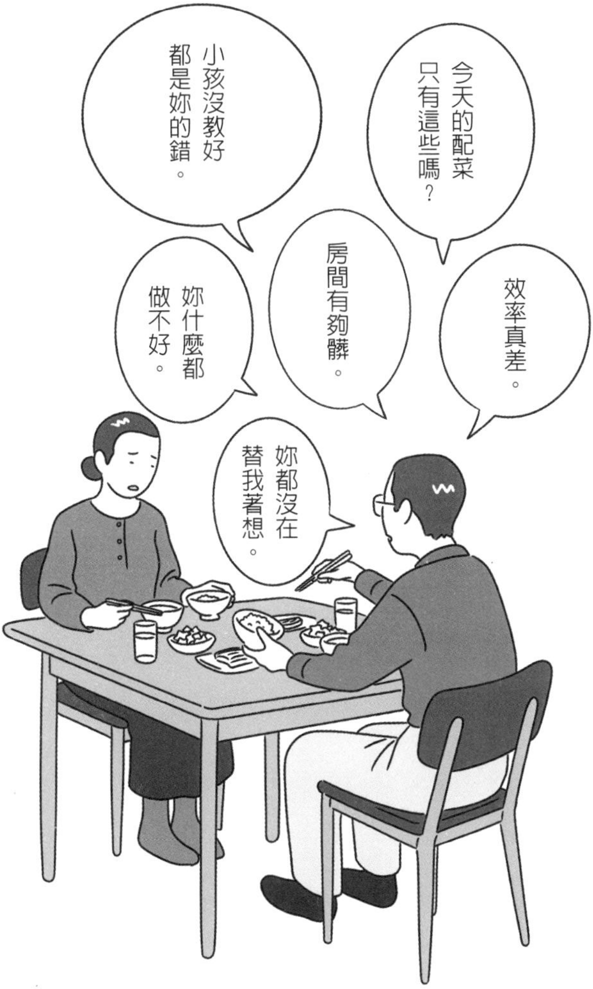
今天的配菜只有這些嗎？
小孩沒教好都是妳的錯。
效率真差。
房間有夠髒。
妳什麼都做不好。
妳都沒在替我著想。

我也有在工作啊，就算下班後也沒有時間休息。要收衣服、準備晚餐，每天都有一堆事情要做。

「我已經很努力了，你就不能稍微幫一點忙嗎？」我也這麼說過，後來發展成大吵一頓。最近我覺得吵架很麻煩，大多數的時候都是默默地等待暴風雨過去。

升高中的女兒最近常常向學校請假。她開始躲在房間裡不出來。自此之後，丈夫都會責怪我：「誰叫妳沒把小孩教好。」

我明明這麼努力了，所有的壞事卻都怪到我頭上，是從什麼時候開始變成這樣的呢？全都是我的錯嗎？

這個狀況，我到底該怎麼做才好……？

CASE 2

總是忍不住對孩子發火

B小姐（30多歲，與丈夫和念小五的女兒一起生活）

「快點，已經七點了喔！趕快起來！上學要遲到了！」

每天早上都是這樣，女兒真的不起來，如果我不去叫她起床，不知道會變怎樣。

女兒心不甘情不願地去上學後，我去打掃女兒的房間，看到了被丟在桌上的筆記本。

「啊，她又把東西忘在這兒！這是學校作業本吧，這孩子真是的！」

女兒常常忘東忘西，我都已經苦口婆心地提醒她：「要在前一天好好確認課表喔！」

要是沒有我，她什麼都做不好。

「少了這個筆記本，她在學校會很困擾吧。必須趕緊送去給她。」

我暫停打掃的工作，準備前往女兒的學校。

如果我不說，女兒甚至連作業都不打算寫，搞得我總是緊張兮兮。

我心想「她都已經五年級了，再這樣下去該怎麼辦」，擔心到不行。

而且女兒注意力不集中，她在念書的時候，只要我沒盯著她，她就會立刻想要跑去看電視，或是想去吃點心。

「學習要是跟不上進度，會很麻煩的。」

「考試的分數如果太低，就糟糕了。」

我忍不住說了這些話。

「作業寫完了嗎？」

「快點，趕快去寫作業！」

「別人家的小孩早就在寫了！」

「妳再這樣下去，等上國中會很辛苦喔。」

但兒女不知父母心。

「妳很囉唆耶，我知道啦。」

「我本來正要去寫的！」

女兒老是跟我頂嘴。

「我也不是因為想說，才囉嗦妳的。」

「唉，這種情況到底要持續到什麼時候？」

我不禁獨自嘆息，覺得養小孩真的好辛苦。

「去讀好的學校，也是為了女兒的將來好。」

「既然女兒自己做不到，我必須想辦法讓她好好去做。」

「今天一定要和她一起準備明天要用的東西。」

儘管我在心中下定了決心，仍舊「唉……」地大大嘆了一口氣。

CASE 3

明明很努力，班上學生不守規矩幾乎失控

C小姐（40多歲，小學老師）

我從小的夢想，就是成為小學老師。

「我想要教會孩子學習的快樂。」

「我想要拯救所有感到痛苦的孩子。」

我懷抱著這樣的理想，正式成為小學老師。

我最初負責的是6年B班。

「好耶！我要打造出最棒的班級！」

我自動自發地鼓足了幹勁。我不僅仔細聆聽孩子說的話，也頻繁地與家長溝通，只要能幫到孩子，我什麼都願意做。

可是，最近班上的氣氛很差，孩子們完全不聽我的話。

拒絕上學的孩子、一直遲到的孩子、家庭環境令人擔憂的孩子。

家長接連幾天打電話來抱怨，問題堆積如山。

「我該怎麼做才好……。」

我每天都為了消化眼前的課題而拚盡全力，忙的時候我一天連續工作16小時，週末也沒得休息，然而問題卻完全沒有獲得解決。

「我想讓大家笑著畢業啊……。」

壓力持續累積，我的心靈逐漸耗弱，身體疲憊不堪，體力就快撐不下去。最終我的健康出了問題，變得必須吃藥和定期往返醫院。

「我努力過頭，把身體弄壞，卻沒看到任何成果。我或許不適合這份工作吧，我是不是只能辭職了……？」

朋友看到我筋疲力盡的模樣，對我說道：

「妳要不要辭掉學校的工作？還是要珍惜自己比較好，讓自己活得開心一些。」

「可是我如果現在辭職，要靠什麼生活？」
「我要做什麼？未來該何去何從？」
煩惱接二連三地冒出來，我無法做出辭掉學校工作的決定，只能過一天算一天。

這樣的我，唯一的樂趣就是吃好吃的東西。
工作結束後，我會去便利商店買喜歡的甜點回家。
這是我給自己的小獎勵，深夜的甜食讓人欲罷不能。

體重直線上升，也是沒辦法的事。
但看著衣服變得越來越緊，不知不覺間也討厭起自己。
「我都這麼努力了，為什麼沒能獲得想要的結果呢……？」

CASE 4

下屬不積極、缺乏工作幹勁

D先生（40多歲，公司部長）

我在公司做成了一筆大生意。

那筆功績獲得肯定，名正言順地晉升為有10名下屬的部長！

「很好，接下來我要讓團隊團結起來，大家一起拚命提升業績！」

我握緊拳頭，下定決心要全力以赴接受挑戰。

下屬們卻看起來一點幹勁都沒有，其中進入公司第三年的H，更是一副悠哉的模樣，讓我懷疑他真的有心要做事嗎？

「我進入公司的第三年，看著前輩的背影，已經是咬緊牙關在努力，想要盡量學些工作的事了。」

H的話讓我感到煩躁，焦慮的情緒一股腦兒湧現。

「那件事我沒做過，所以我不知道。」

「我是1987年後出生，接受寬鬆教育長大的，必須誇獎我，我才會有動力。」

「我不擅長和大家一起努力。」

H一找到機會就跟我頂嘴。

不論哪一句，都是我年輕時不曾對主管說的話。

「現在的年輕人都是這樣嗎？不對，說不定是我被小看了。好，我要改變這個狀況！我要讓大家變得有動力做事！」

我反而被激發了鬥志。

自那之後，我開始鼓勵下屬，積極地對他們說些可以讓人產生幹勁的話。

我尤其關照H，細心地指導他。

「加油！只要克服這個，你就能夠進步！」

「做不到是因為你不夠努力，你必須累積更多經驗！」

「失敗是成功之母，盡量去試，失敗也是一種經驗！」

「你還年輕，還有機會，繼續努力！」

我會看情形給糖和鞭子，也會持續給予斥責和鼓勵。即使如此，H依然缺乏鬥志，不論我說什麼，他都無精打采地回答：「喔……」有時還會擺出不悅的表情，說：「我已經有用自己的方式在做了。」

反倒是比以前還要更加缺乏幹勁了。

「我都這麼努力了，到底為什麼會這樣？」

某一天，H來找我。

「我有話要跟你說……」

「哦，你終於有動力了嗎？」

我才高興沒多久……，他竟然說：

「做到目前為止，我想了想，該說是跟我想做的事有點不太一樣嗎?!就算繼續做下去，我也看不到未來，而且總覺得跟我原本想的不一樣，所以我想要辭職了。」

我那麼關照他耶……我的內心大受打擊。

「我為了你好，教了你那麼多，你是哪裡覺得不滿？」

「我找你商量時，常被說『你這部分沒有努力做好，有點可惜』，你不僅不聽我說話，也不了解我。」

「咦，就只是因為這樣？」

我費盡唇舌挽留H。

「如何看待一件事，取決於心境。你現在或許感到很難受，但只要你跨過這道檻，就能有顯著的成長，你將會提升到另一個境界。現在正是該堅持的時候，你願意和我一起再努力一下嗎？」

我拚了命地說服H，然而他只是一直低著頭。

最終，H沒有再來公司。

「我已經說那麼多了，他為什麼還是不懂？我年輕的時候都被嚴厲地告知『不要什麼都用問的，用眼睛看然後記下來！』，根本沒被仔細地教導過。相較之下我不只溫柔多了，還很仔細。難道是H抗壓性太弱了？」

你要努力，
才會進步。
因為
你還年輕，
失敗
也是種經驗。

辭呈

話雖如此，但其他下屬看起來也是一點幹勁都沒有。

說真的，我其實很想大罵：「你們這些傢伙，到底想不想做事！」以前前輩都會這樣罵我們。

但要是再有人辭職就傷腦筋了，所以我沒辦法撂狠話。

是我年輕時的做法已經不管用了嗎……？

「我希望他們能拿出更多的幹勁和成果，我到底該怎麼做才好？」最近我都在為此而苦惱。

我心中萌生「晉升之後也很辛苦。早知道會這樣，不往上爬也沒關係，一個人自由自在地只考慮提升業績的事情，可能還來得比較輕鬆」的想法，開始想要放棄了。

第2章 結束周而復始理不完的膩煩三角

第3章 陷入膩煩三角的人們

第4章 用幸福三角讓人際關係漸漸變好

第5章 從「受害者」變成「創造者」！

第6章 從「拯救者」變成「教練」！

第 1 章

人際關係中，誰是受害者，誰是迫害者，誰是拯救者？

幸福的人一定是「人緣好的人」

我們經常會在各種情境下與某人產生關聯。

- 一邊吃早餐，一邊和家人聊當天的行程
- 在公司和主管討論下禮拜的簡報內容
- 向客戶說明新產品
- 與媽媽友午餐聚會，聊一聊育兒的煩惱
- 在電話中跟朋友互相抱怨婆婆
- 在家裡看到小孩隨手亂丟的衣服，火氣上來開口就罵

人際關係進展順利，能夠順暢溝通的時候，每天都過得很開心，心情也很輕鬆。可是一旦人際關係惡化，發生麻煩的問題，心情就會變得沮喪，每天都開心不起來。心理學家阿德勒說了：**「所有的煩惱都是人際關係的煩惱。」**

另外，相對於過去的心理學都召集生病的人來研究「問題出在哪」，正向心理學卻是召集幸福的人，以研究「哪裡做得好」。因爲想要變得幸福，就要向幸福的人學習。

2002年，心理學界第一次進行了「幸福的人」的調查研究（伊利諾大學＋賓夕法尼亞大學）。

研究得出了驚人的結果，原來「幸福的人」與「不幸的人」最大的差別，在於是否擁有「良好的人際關係」，而**幸福的人100%都是有極佳人緣的人**。

如圖1所示，幸福的人在家庭、伴侶、朋友等人際關係的品質上，整體而言非常高。此外，在這項研究中，還詢問了研究對象的熟人：「從客觀的角度來說，你覺得他的人際關係好嗎？」在熟人眼裡人際關係好的人，通常也是幸福的人（取樣調查伊利諾大學220名大學生）。

圖1 幸福的人往往人際關係良好

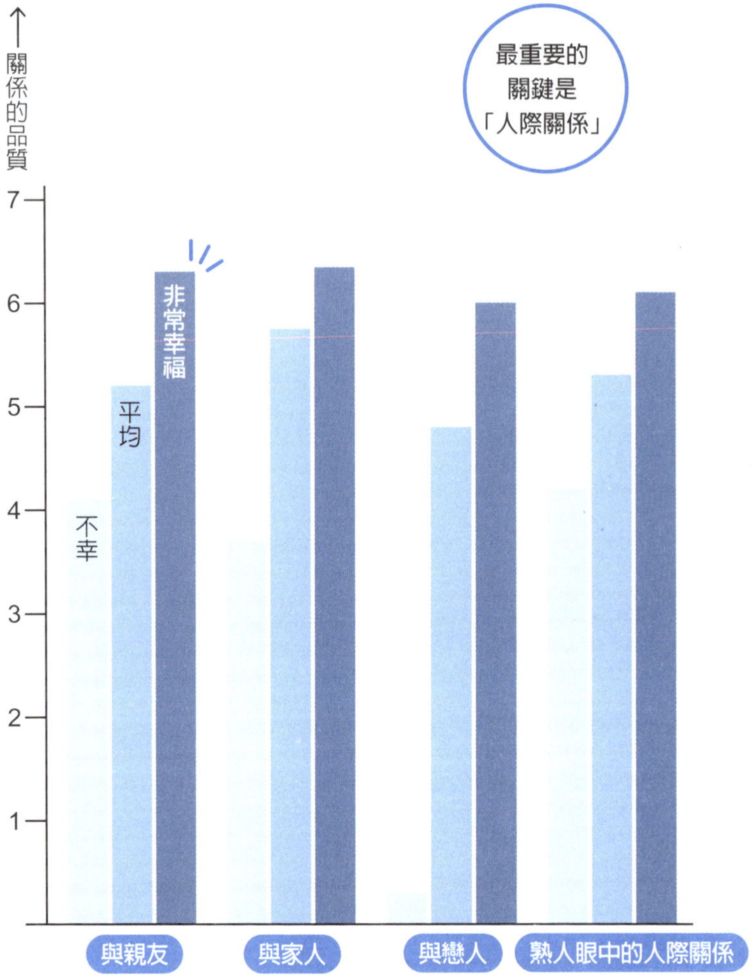

（Very happy people. Diener.E. ＆ Seligman. E.P 2002年製作）

不僅如此，哈佛大學一項追蹤2千人長達85年的研究，也發表了幸福最重要的關鍵在於「人際關係」。

接著，如圖2所示，對長壽造成最大影響的也是來自他人的支援，以及多樣化的人際關係。兩者帶來的影響，遠比抽菸、喝酒、心臟疾病都來得大。

此外，憂鬱和孤獨的症狀相似，但**孤獨需要的不是像抗憂鬱藥物那樣的藥，而是建立良好人際關係的技巧**。

相信閱讀本書的人當中，有不少是抱著「想在職場建立良好人際關係」的期望吧？

很久以前，你或許聽過「在職場談人際關係，未免也想得太天真了！」的說法，可是，**職場上的人際關係，確實會對工作的幸福感產生很大的影響**。

圖2　人緣好的人會長壽

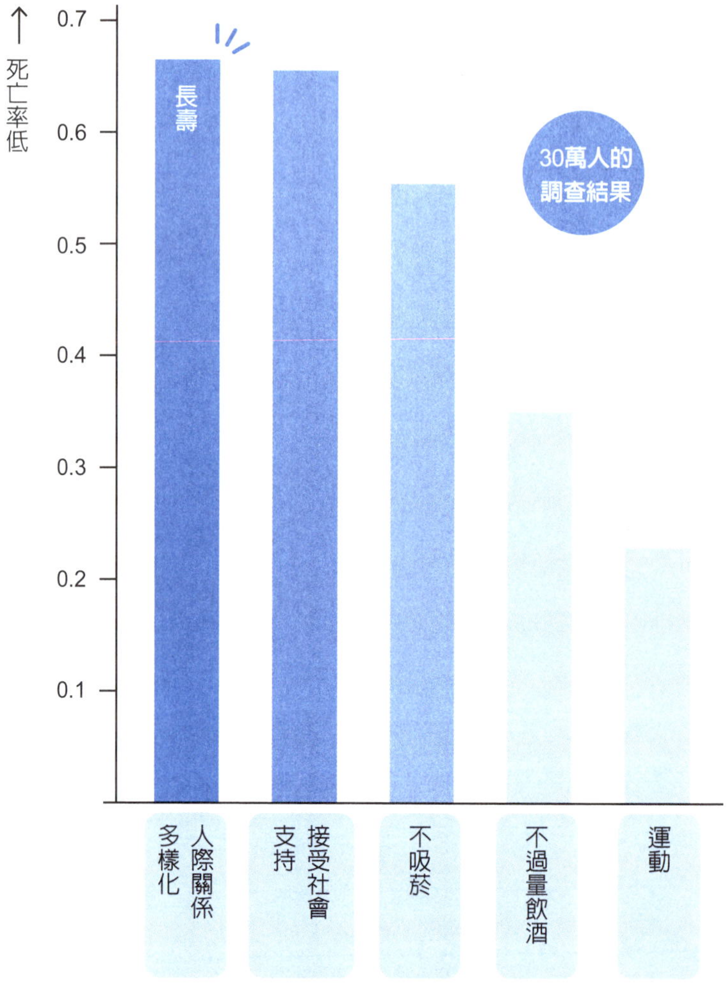

（Social Relationships and Mortality Risk.A Meta-analytic Review.Holt-Lunstad,etc.2010製作）

請看圖3，工作樂在其中的人占全體的32%。

但你把職場上的人際關係分成兩組來看，會發現「人際關係差的組別」只有10%在職場感到幸福，「人際關係好的組別」有將近五倍的49%的人感到幸福。

如圖所示，**處理好職場的人際關係會讓工作變得快樂，進而對生產力與社會發展有所貢獻。**職場上的不良人際關係，通常有職場權力騷擾、性騷擾、道德騷擾等問題，不難想像這些問題帶來的惡劣影響。

正在育兒的媽媽們壓力也很大，我在小孩一歲和兩歲的時候，也曾經歷過偽單親的生活，現在回想起來，那真是我人生中最辛苦的一段時期。

在心理學的研究中，已知育兒中的主婦壓力是最大的。

在我研究所老師的研究中，得出了**「要讓育兒中的媽媽變幸福，與人的連結感要比養育小孩的技巧更為重要」**的結果。

人際關係是否順遂，就是這麼強烈地左右了當事者人生的幸福度。換句話說，**好的人際關係，是幸福的必要因素**。

雖然說擁有好人緣與人和睦相處，不一定會變得幸福，但**缺乏良好的人際關係、不與人為善，就一定無法變得幸福。**

我們每個人，都是為了變幸福而誕生。正因為人際關係很重要，所以要是人際關係發展得不順利，會讓人非常痛苦。這樣一想，我們確實需要花時間和力氣，去好好面對這個能使我們變幸福的重要關鍵——人際關係。

有的人會說：「我不需要與人建立關係。」

事實上，我也很常聽猶豫是否要加入我的線上沙龍的人這麼說，他們很可能過去曾在人際關係中受到了嚴重的傷害。

但在這裡，我希望你記得一件事，那就是**「人際關係是技巧」。所以只要學起來並練習，任何人都一定會進步。**

圖3　職場擁有好人緣，工作幸福度多5倍！

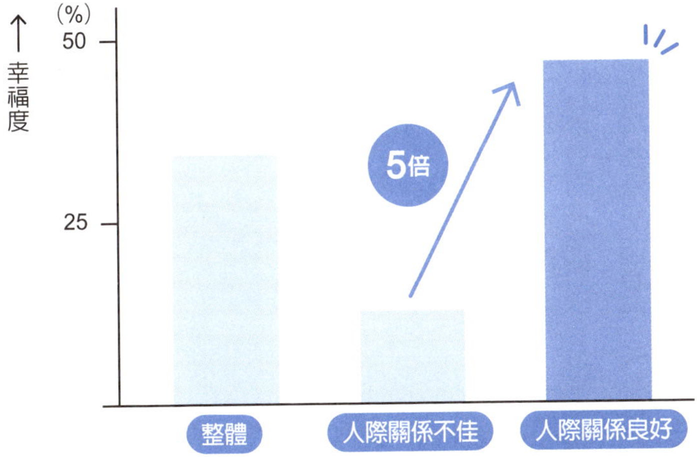

（The Economics of Wellbeing. Tom Ruth and Jim Harter 2010製作）

就如同鋼琴或高爾夫，你絕對會因爲練習而做得更好。請務必和我一起學習這堂課。

有毒的人際關係是膩煩三角造成的

環顧四周，你會發現有那種總是被心情愉悅的人們圍繞，生活過得很愉快的人，同時也有總是被捲進麻煩或討厭的事情的人。

親子關係緊張、丈夫的道德騷擾、爲婆媳問題而煩惱、來自主管的權力騷擾、與媽媽友鬧得不愉快、朋友提出不合理的要求……要一一舉例還眞舉不完。

這裡面的每一項，看起來像是完全不同的情境，但其實所有麻煩和棘手的人際關係，都是源自同一根源。

換言之，**膩煩的人際關係全都是在同樣的模式下成立。**

不論是哪種情境，「受害者」、「迫害者」、「拯救者」皆為登場人物，一個由這三者共演的故事。與其說每個人都有錯，不如說是彼此的關係不好。

圖4　賦煩三角的世界

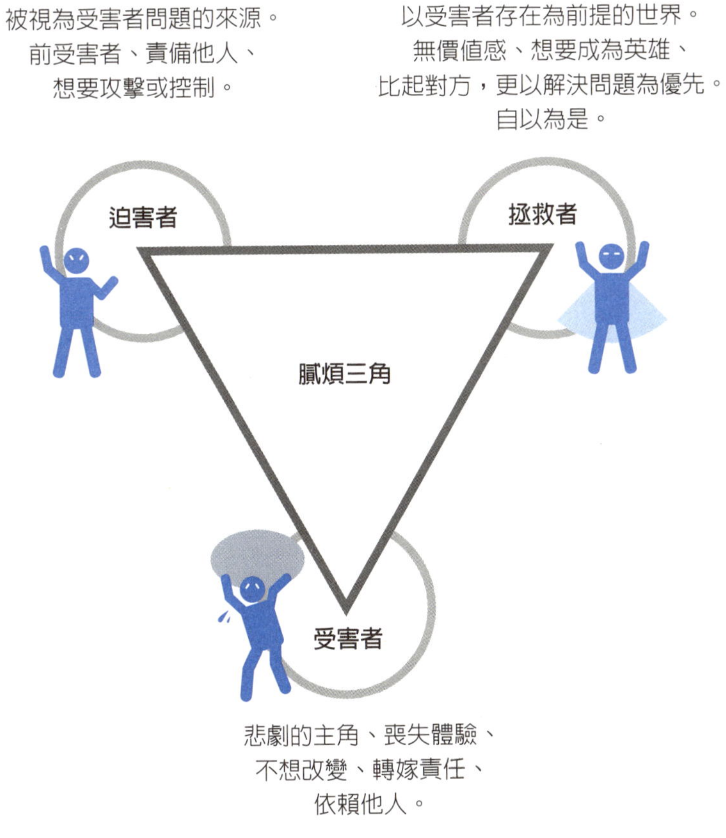
被視為受害者問題的來源。
前受害者、責備他人、
想要攻擊或控制。
以受害者存在為前提的世界。
無價值感、想要成為英雄、
比起對方，更以解決問題為優先。
自以為是。
迫害者
拯救者
賦煩三角
受害者
悲劇的主角、喪失體驗、
不想改變、轉嫁責任、
依賴他人。

（參考The Power of TED. David Emerald 2005製作）

這種**有毒的人際關係稱為「DDT」**（The Dreaded Drama Triangle，可怕的戲劇三角），是**由「受害者」、「迫害者」、「拯救者」所構成的世界。**

1968年，精神科醫師卡普曼注意到「來我這兒看診的人，幾乎都爲人際關係所苦，所有人都適用這個三角形」，而提出DDT。

至於我爲什麼會稱DDT爲**「膩煩三角」**，起因於我在說明這個三角的關係性時，有學生說「聽起來『黏TT』地甩不開」。

我也覺得這個說法比較好懂，所以後來就都使用這個稱呼。

一旦陷入膩煩三角，就很難脫離。

而這也是麻煩和壞事，以及不幸接二連三發生的原因。

膩煩三角隨處可見

童話、戲劇、動畫、電影等，有很多都是由膩煩三角的關係所建構而成。會那樣的理由，是因爲看起來很有趣。畢竟是戲劇，可以想見會有戲劇化的進展。

例如《哆啦A夢》，大雄每次被胖虎和小夫欺負，都會哭著大喊：「哆啦A夢……！」並且跑回家，向哆啦A夢哭訴。

接著哆啦A夢就會一邊說：「眞是的，眞拿你沒辦法，大雄……」一邊從肚子的百寶袋拿出道具，幫忙解決問題。

你或許會覺得：

「只要有哆啦A夢在，不就好了嗎？」

「哆啦A夢每次都會幫他，所以沒問題吧？」

要說這個關係哪裡出了問題，就是即使哆啦A夢每次都解決了問題，沒多久後大雄又同樣會被欺負，跑來找哆啦A夢哭訴。

換句話說，**他們不停地在重複同樣的互動模式。乍看之下，哆啦A夢是解決了問題，可是他沒有解決任何根本性的問題。**

請你試著把這個情境套入圖4（43頁）的膩煩三角。

大雄是「受害者」，胖虎和小夫是「迫害者」，哆啦A夢則是「拯救者」。在這段關係中，大雄無論何時都是受害者，一直被胖虎和小夫欺負，而且每次哆啦A夢都會登場，拿出道具幫助大雄替他出氣。狀況從未改變過。

這在卡通的世界倒是無妨，可是假如那是一個在現實世界中像大雄一樣，沒有哆啦A夢就什麼都做不好的人，他不僅會活得很痛苦，也不會有所成長。最重要的是萬一哆啦A夢不在了，他勢必會過得非常辛苦，毫無疑問正是陷入膩煩三角泥淖的狀態。

此外，英雄系列和戰隊系列，保護的對象同樣都是「受害者」，壞人是「迫害者」，英雄是「拯救者」。

公主系列也不例外，在《灰姑娘》的故事中，仙杜瑞拉是「受害者」，壞心眼的後母和姊姊是「迫害者」，而拯救仙杜瑞拉的王子是「拯救者」。

遭後母和繼姊欺負，一貧如洗的仙杜瑞拉在被王子拯救後，搖身變成漂亮的公主，迎來了「眞是可喜可賀、可喜可賀……」的快樂結局，但如果王子沒有出現，仙杜瑞拉大概會永遠被欺負，過著貧困的生活吧。這完全是依賴他人才達成的。

仙杜瑞拉的故事沒有後續，但自古以來公主故事都是快樂收尾，乍看之下是圓滿的結局，但實際上很有可能正在重複不幸的模式。

卡普曼博士是這麼說的：

「膩煩三角的角色會轉換，繼續循環下去。」

這個可能性很高。曾是「拯救者」的王子隨著時間久了，會漸漸變得有控制欲，總有一天將變成「迫害者」，公主則會去找新的「拯救者」……進入這樣的模式。

不過新近的公主故事，也多了許多如《冰雪奇緣》這樣描繪主角察覺到自己想成爲什麼樣的人，並勇於去面對的故事。這類故事就是幸福三角的模式，後面會再詳細說明。

把錯都推給別人的膩煩三角

再舉一個例子說明。

最近常聽到「毒親」、「父母扭蛋」這兩個詞。

毒親的意思是對孩子過度干涉、管東管西，想要控制孩子，要孩子凡事都照自己意思做的父母。

父母扭蛋的說法則源於「孩子無法選擇父母」，所以毒親意味著人生抽到了下下籤。

在這種情況下，要是孩子覺得「都是父母搞砸了我的人生」，孩子就成了「受害者」，父母則成了「迫害者」。孩子把自己的處境全都怪到父母頭上。

倘若父母願意理解自己，孩子大概會把不利於自己的某人、某件事塑造成「迫害者」，例如「都是老師的錯」、「是這個社會太爛了」、「是環境不好」，感嘆「我果然抽到了人生的下下籤」。

實際上，從客觀的角度來看，被父母照顧得很好的人，也不是每一個都能實現夢想，變得幸福。

準備脫離膩煩三角！

在思考脫離膩煩三角的方法之前，我們要先了解脫離膩煩三角是什麼意思。

那就是**不把錯怪在別人的身上，開拓自己的人生，去實現夢想。**周圍的所有人，都會協助你去追逐那個夢想。而你**可以用「創造者」的身分展翅高飛，決定自己的道路、開創未來。**

假如哆啦A夢的世界從膩煩三角，變成了幸福三角，大雄將毅然決然地面對胖虎或小夫的霸凌，自己做出想做的應對，例如和他們變得要好，或是從此不再往來。

然後大雄會去確立自己想做的事情，他已經不再受到欺負，東西也不會被人搶走，也能在想見靜香的時候就去見她。這樣一來，他也就不需要去向哆啦

A夢哭訴了。

哆啦A夢則會喊出「如果是大雄，一定做得到」，變成相信、鼓勵、支持大雄的存在。

哆啦A夢從幫助大雄的角色，轉變成**在事情發生的時候，提出讓大雄釐清感受的問題、教導大雄發揮「優勢」、讓大雄清楚明白自己想變成怎樣的人，推大雄一把並給予他勇氣的「教練」**。

哆啦A夢的漫畫中，大雄在長大且哆啦A夢離開之後，覺得「我不能再這樣下去」，於是發憤圖強成爲研究家，不但變得有名，還跟靜香結婚了。那樣的未來，正是大雄變成「創造者」的模樣。（見121頁圖8）

「受害者」想要一直當受害者

「受害者」想當悲劇的主角

想要脫離膩煩三角，必須先有所覺察。

膩煩三角裡一定有「受害者」、「迫害者」、「拯救者」出現，他們會互相糾纏，不斷發展出不健康的關係。

我們來仔細看看他們各自扮演的角色。

首先，「受害者」是膩煩三角劇的主角。被壞人陷害、壞事從天而降，他感覺自己無能為力。

當我們聽到「受害者」這個詞，會覺得是個「可憐的人」，對吧？非常多的當事者也認為自己是「可憐的我」。總是被捲入麻煩的我、遭遇不幸的我、被爛事纏上的我。「受害者」感覺自己就生活在這樣的悲劇中。

然後他們會尋找是誰或是什麼事情，讓自己陷入了這種慘況。

無時無刻不活在「可憐的我」、「惡劣的你」的世界裡。

「受害者」的心中有著喪失體驗

扮演「受害者」角色的人心底，存在著「喪失體驗」。尤其是失去夢想占的比例特別重，「受害者」覺得「反正我的夢想，根本不會實現」。

曾經，只有國中畢業的我，沒有未來的夢想。因爲我認爲夢想是不會實現的，懷抱願望沒有任何意義。毫無懸念地「夢想在精神層面上已死」。

除了自己的夢想和願望以外，還有自由和健康的喪失體驗。

「受害者」也會認定「反正事情一定不會照我想的那樣發展」、「我生病了，所以我什麼都做不了」。

他們有過遭遇危險的經驗，因此失去了這個世界很安全的想法，認爲「這個世界充滿了危險，所以我無法安心」。

這也是一種喪失體驗。

除此之外，還有因爲被某人背叛的經驗，而喪失「這個人是值得信賴的人」的思考方式，以及覺得「不可以相信別人」的情況。

像這種「原本以爲的世界其實不如自己所想」，就是信任與安全感的喪失體驗，常會讓「受害者」感到「我不能相信這個世界」。

害怕同樣的事情再次發生。

「受害者」真正的想法是不想改變

人一旦遇到痛苦的事，就有可能會變成「受害者」。大部分的人是期間限定，但也有人一直在當「受害者」。

才解決完一個問題，馬上又有了別的問題。

才剛解決那個問題，這次又換成抱怨公司的主管。然後換了部門和主管之後，就變成開始抱怨同事。從旁人的角度來看，或許會覺得他身邊老是充斥著惡劣的人。

可是，實際上不論是不經意還是故意，都是那個人選擇待在那個地方的，**他總是在尋找受害者的位置。**

那麼，繼續待在「受害者」的位置，有什麼樣的好處呢？**「受害者」其實是一個非常輕鬆的立場。**所有的錯都是別人的錯。發生的一切壞事和討厭的事，全都是別人造成的，不是自己的責任。

因此，自己不需要挑戰新的或困難的事物，也不需要努力。**因為沒有挑戰，就沒有失敗，可以避免內心受到傷害。**

爲了變幸福而自己主動做某件事去開拓，是一件很辛苦的事情，而且那不僅需要花費精力，亦伴隨著責任。

描繪自己的理想，朝理想邁進也是件相當嚇人的事。因爲如果眞去挑戰，說不定會「失敗」。

與其那麼做，**不如過著把錯都推給別人的生活還比較輕鬆，「都是那個**

人的錯」、「都是這個世界太糟糕了」、「都是環境害的」、「都是我的父母不好」。

只要過著與現在相同的生活，雖然沒有變化，至少不會失敗、不會發生意料之外的事情。

「父母扭蛋」也是將一切都怪到父母的頭上。**自己不用做出任何行動，完全依賴他人，一心等待拯救自己的英雄登場。**

其他還有會讓別人覺得他很可憐，被人溫柔對待的好處。

從「受害者」的回應，也可以感覺到他並不想改變。

「受害者」會在結尾時做出轉折，例如「是啊，可是……」，開始爲做不到找藉口。

「受害者」向朋友抱怨「發生了討厭的事」。

朋友想要盡量幫「受害者」解決煩惱，有時可能會提供建議：「如果是這樣，這麼做你覺得如何？」。

這種時候，受害者心態的人會給出「唔嗯～可是……」的回答。

這樣的對話將永無止境地延續下去。理由是**「受害者」現在的位置待起來很輕鬆，他其實並不想要改變，想要永遠都當「受害者」。**「受害者」不想採取行動擺脫「受害者」的角色，所以任何的建議對「受害者」都起不了作用。

「迫害者」想要指責和攻擊別人

「受害者」需要「迫害者」

「迫害者」指的是傷害「受害者」，讓「受害者」悲傷或難受，被視爲「受害者」痛苦來源的人、狀況、環境。開頭的案例CASE1的道德騷擾丈夫，從妻子A小姐的角度來看就是「迫害者」，A小姐則是「受害者」。

A小姐被丈夫的斥責折騰，感覺自己因爲丈夫的緣故而有了不愉快的經歷。「受害者」之所以能成爲「受害者」，「迫害者」是不可或缺的角色。我會這麼說，是因爲沒有了「迫害者」，自然不會有「受害者」產生。

「迫害者」透過指責「受害者」的「弱點」或缺點，加深了「受害者」心中「可憐的我」的想法。

「迫害者」想要指責、攻擊、控制

扮演「迫害者」角色的人，**其實很多時候是「前受害者」，「迫害者」自身也認為自己是「受害者」**的情況很常見。

舉例來說，恐怖分子可能覺得「是因爲社會很糟糕，我才不得不變成這樣，我是『受害者』」。

新聞上連著幾天報導少年犯罪或令人鼻酸的犯罪事件，但那些被視爲加害人的人們，有不少人會說「是不關心我的社會和對方的錯，我是受害者」。

「迫害者」看起來或許天不怕地不怕，但扮演「迫害者」角色的人，原本是因爲有過不愉快的經驗，才會極度害怕再次成爲「受害者」。

爲此，「迫害者」一般會採取以下三種行動模式。

①指責對方

批評並嚴加指責對方不好的地方、缺點、犯下的錯誤等，例如「你就是這點不好」。

「迫害者」藉由指責對方，使對方居於下風，試圖保住自己的優勢。俗話說「越小的狗越會叫」，爲了不被別人壓下去，「迫害者」會想要強調「我很強喔」、「我的地位比較高」。

②先下手為強

也就是在被對方打倒前發動攻擊。下馬威、職場霸凌等騷擾也是這個模式。此外，「迫害者」對勝負非常執著，有著「無論如何我絕對要贏！」的心態。

③採取控制的態度

「迫害者」很害怕自己無法掌控一切，總是想讓對方或狀況受到自己的控制。而這麼做的結果，就是會做出強勢的行爲。

「迫害者」不只有人，也可以是狀態或環境

「受害者」永遠是人，但「迫害者」不只有人，也可以是狀態或環境。

①**人：惡劣的父母、主管、朋友、給你下馬威的人、恐怖分子等。**

我們常覺得父母或主管，以及朋友等身邊的人，是妨礙並貶低自己的「迫害者」。

但也有與自己沒有直接關係的第三者成爲「迫害者」的情況。

②**狀態：生病、受傷、不孕等。**

癌症、心肌梗塞、傳染病、骨折等，也會成爲「迫害者」。

例如「我因爲吃壞肚子，所以沒辦法在考試中發揮實力」、「因爲不孕的關係，導致我無法過上幸福的人生」。

③**狀況、環境：自然災害、火災、地震、重要的人死亡、社會體制、塞車等。**

例如「都怪電車誤點，我上學才會遲到」、「因爲那時是紅燈，所以我沒有趕上電車」、「因爲那個人去世的關係，導致我的夢想破滅了」、「都是新冠疫情害銷量變差」。

「拯救者」想要感受到自己的價值

「拯救者」以英雄之姿登場

在「受害者」與「迫害者」間颯爽登場的正是「拯救者」，「拯救者」也被稱爲「英雄」。

說到英雄，一般都會聯想到「打倒壞人，拯救弱者的正義使者」這種正面的印象。超人力霸王、蜘蛛人、王子等，「拯救者」常在戲劇或電影中出現。他們撥甩斗篷登場時，很可能會引發「哇～」的歡呼與掌聲。

「拯救者」的角色功能，是讓「受害者」脫離痛苦或危險的地方，從壞人手中拯救「受害者」，另外還有減輕或麻痺「受害者」負面情緒的作用。

不論是對「受害者」來說，還是在旁人的眼裡，「拯救者」看起來都是一個「好人」。

「拯救者」真的是一個好人嗎？

那麼，「拯救者」做出的行爲，眞的全都是爲了對方好嗎？其實未必，倒不如說「拯救者」大多數的行爲，會讓「受害者」變得越來越軟弱無力。

「受害者」因爲「拯救者」的關係，反而變得軟弱無力的理由有兩個。

①就如同大雄的狀況，**「拯救者」代替「受害者」解決了問題，因此「受害者」本身並沒有學會解決問題的能力**

這麼做的結果，是「受害者」永遠需要「拯救者」。「受害者」因爲「拯救者」持續待在這個關係，於是一直維持著「受害者」的角色。「受害者」之所以無法擺脫這個情況，代替「受害者」做了所有事的「拯救者」也難辭其咎。

某位從事家族治療的諮商心理師，建議兒子老是欠債的父母：「請你們隱匿行蹤。」

據說那對父母突然不知去向後，他們的兒子就不再欠債了。這對父母在心理學的用語中稱爲「縱容者」（Enabler），意思是會導致那個問題行爲發生（惡化）的人。

②「拯救者」會強化受害者「可憐的我」的心態

「拯救者」會下意識地認定「受害者」是「弱小的人」，用「我必須幫助弱小的人」的心態去對待「受害者」。

「拯救者」斷定「受害者是可憐的人」，導致「受害者」本身也深信「我是可憐的人」、「反正我就是什麼都做不好的人」，反而加深了「受害者」的無力感。

人有活成被賦予的角色的傾向，「拯救者」在不知不覺中減弱了「受害者」行動的動力。

開頭介紹過的CASE2，也就是煩惱「小孩什麼都不做」的B小姐的案例，所談的正是這個問題。

B小姐認定女兒「沒有我就什麼都做不好」、「如果我不幫她做，後果會不堪設想」。

所以她不斷地嘮叨「作業寫了嗎？」，或是把女兒忘在家的筆記本送到學校，想要照顧到所有的細節。

認爲「如果我不提醒『作業寫了嗎？』，女兒就不會寫作業」、「我要是不把筆記本送過去，女兒在學校會很困擾」。

在這個案例中，B小姐是「拯救者」，女兒是「受害者」。

B小姐採取越多這樣的行爲，女兒越是在沒有意識到的情況下，逐漸被「我是媽媽不在就什麼都做不好的人」的想法洗腦。

「拯救者」需要「受害者」

看到有人困擾，就覺得必須去幫忙的**「拯救者」心中，有著「強烈的無價值感」。**

「拯救者」總是在害怕：「我是不是沒有價值？這樣大家是不是會離我而去？」他們的內心深處，永遠都在擔心失去目標、被別人拋棄。

而幫上別人的忙，可以立刻消除這樣的感覺。「拯救者」在潛意識中深信**「如果我對別人沒幫助，我就沒有存在的價值，我的存在不會獲得認同」。**

以前面提到的案例來說，B小姐想要透過照顧女兒，成爲對女兒而言不可或缺的存在。

B小姐塑造出了「照顧女兒的自己」，藉此感覺到「自己是可以待在這裡的存在」。

所以「拯救者」或許會在無意識中產生了「希望受害者不要變好」的想法。

因為曾是「受害者」的人要是好轉，對方就不再需要自己了，換句話說，「拯救者」將會失去自己的存在意義。

我不論是在工作上、在家庭裡，還是在群體中，總是受人依賴，並且變得忙碌，這讓我很辛苦，一次又一次地把自己燃燒殆盡。我雖然會怪周圍的人不可靠，但當我發現那其實全都是我創造出來的時候，我深受震撼，好一陣子都無法接受。重複的模式，其實是一種提醒。

「拯救者」為了感覺到自己的價值感，不能沒有「受害者」。所以「拯救者」會希望永遠維持現狀，然後想要「受害者」永遠依賴自己。

「拯救者」靠著這樣的做法，試圖維持自己的存在價值。

狀況嚴重的時候，還會演變成雙方沒有彼此就活不下去的「共依存」（Codependent）關係。

「拯救者」常會做出以下的行動

「拯救者」的背景有著「我沒有價值」的無價值感，爲了塡補這個空洞，「拯救者」傾向去照顧別人，想要透過照顧某人讓自己獲得認可。

當然，我們可能也會在他人眞正需要救助的時候行動。如果眼前有溺水的人，或是眼看著就要傷害自己的人，確實會想要出手幫忙。膩煩三角所講的「拯救者」行爲，與眞正需要救助的情況不同，通常具備以下特徵。

①對方明明沒有尋求幫助，卻搶先幫忙

「拯救者」會在被對方依賴前，先自作主張提供幫助。

比起「對方自己做不做得到、想不想被幫助」，「拯救者」想要幫忙的心情更爲強烈。

換句話說，就是搶先做出親切的舉動。

②那個人做得到，卻還是代替對方去做

在對方做不到的事情上提供協助很重要，但「拯救者」不只是對方做不到的事，還常常連對方做得到的事都想幫忙做。

例如「幫小孩綁鞋帶」、「代爲寫作業」、「幫下屬解決問題」等。這些都是當事者稍微努力一點就能做得到，卻是「拯救者」做得更快更好的事情。

此外，提供救援的一方，會被旁人視爲「優良的父母」、「擁有出色孩子的能幹父母」、「傑出的主管」、「擁有優秀下屬的能幹主管」。這些對「拯救者」來說充滿吸引力。

③相較於對方的幸福或成長，更以解決眼前的問題為目的

膩煩三角的「拯救者」在提供協助時，「解決眼前的問題」才是他的目的。因爲**「拯救者」透過解決問題，可以感覺到自己的價值提升。**

舉例來說，比起教某人如何游泳，不如在某人溺水時拯救對方來得更快，而且對方會更加感激自己。

除此之外，比起在開發中的國家建造學校，給予食物或金錢，更有「拯救對方的感覺」，會讓「拯救者」覺得自己是有力量的。

假如考慮到對方的幸福與成長，其實比起直接幫助（Help），提供支援（Support）會帶來更好的效果。

然而，真要說提供哪種對方會更感激，應該是「Help」吧。**「拯救者」會選擇採取更能展現出自身重要性的行動。**

如同前面所述，**「拯救者」會在無意識的情況下，為了自己而採取行動。**

「謝謝你！」

「你真的幫了我一個大忙！」

「還好有你在……」

像這樣被依賴、受到讚賞，「拯救者」會感受到快感。此外，也有不少「拯救者」擁有救世主情結（Messiah complex），想要藉由幫助別人，來提高自己的幸福感和自我肯定感。

然而這卻促成了悲傷的事實：就算「拯救者」拚命地採取行動，「受害者」不僅沒有變好，還強化了自身的無力感，倒不如說狀態變得更差。

這樣一想，英雄不一定就是「好人」。**「受害者」不但沒有成長或變得幸福，反而變得不幸，可以說「拯救者」的行動只考慮到了自己。**

「拯救者」不一定是人

「拯救者」和「迫害者」一樣，也有可能不是人。

舉例來說，酒精、賭博、遊戲、藥物、購物、工作、上網、性、戀愛等，能讓人類產生依賴的事物，全都可以和「拯救者」發揮同樣的角色功能。

在做那些事情時，可以麻痺痛苦的內心，讓人忘掉現實或討厭的事情。若過於沉溺，就會發展成酒精成癮、賭博成癮、遊戲成癮、購物成癮、工作狂等。在過度投入工作而不回家的人當中，不乏認爲家中的某人是「迫害者」，爲了要忘記那份痛苦，才用工作逃避的人。

沉迷於男公關也符合這樣的情況。在這種時候，可以思考看看自己到底是想逃避哪種情緒。

第 2 章

結束周而復始理不完的膩煩三角

「受害者」、「迫害者」、「拯救者」的共同點

「受害者」＝被迫害人，「迫害者」＝造成迫害的人，「拯救者」＝幫助人的人，三者乍看之下或許立場不同，但實際上他們之間有幾個共同點。

①因為「害怕」而採取行動

所有人的行動動機都是「害怕」，想保護自己免於受到某種危害。

受害者 害怕以後再次發生不好的事，想保護自己不要遭受傷害。

迫害者 擔心跟害怕自己萬一變成「受害者」該怎麼辦，想要在自己變成「受害者」前先攻擊對方，或用讓對方居於下風的方式保護自己。

拯救者 害怕失去目標或被拋棄，透過從「迫害者」手下守護「受害者」，來保護自己遠離無價值感。

比起因爲湧現的熱情而積極地採取行動，所有人都寧可專心防守，讓恐懼成爲原動力並採取行動。

②沒有為自己的幸福負責

每個人都沒有爲自己的幸福負責。因爲沒辦法讓自己幸福，所以需要別人讓自己變得幸福。「受害者」一定要有「拯救者」、「迫害者」一定要有「受害者」、「拯救者」一定要有「受害者」，如此形成幸福的模式。

受害者　想要透過依賴「拯救者」獲得幸福。

迫害者　爲了不要再成爲「受害者」，想用攻擊「受害者」的方式，來獲得安心感。

拯救者　想要拯救「受害者」，以此獲得自己的存在價值或充實感。

③自我肯定感低落

自我肯定感是一種對於自己好或壞的地方，都覺得「我很ＯＫ」的感覺。

在膩煩三角中，所有人都沒辦法認同自己是ＯＫ的，認爲自己不夠好的匱乏感很強烈。

受害者　覺得自己什麼都做不到，所以必須靠別人幫助。此外，可能會責備做不好的自己。

迫害者　無法接納脆弱的自己，害怕這個部分會被別人發現。爲了隱藏脆弱的自己而發動攻擊。可能會在攻擊後感到後悔。

拯救者　如果無法對人有幫助，就會覺得自己沒有價值，因此會努力想盡辦法幫上忙。

「受害者」把不安、恐懼當作動能

沉浸於膩煩三角狀態的「受害者」、「迫害者」、「拯救者」們共同的心態，稱爲「受害者心態」。

一般來說，人會因爲把注意力放在哪，內心狀態跟著有所改變。然後內心的狀態，將驅使那個人做出固定的行動。並且，會根據那人所採取的行動，打造他所居住的世界。像「受害者心態」就有特定的行爲模式。

請看81頁的圖5。

在膩煩三角的世界，**每個人本來就常常把注意力放在「問題」上。**認爲人、狀況、環境有問題，因此必須解決問題。

這邊爲了方便理解，我用「受害者」作爲例子，但這實際上是符合所有成員心態的特徵。

首先，**「受害者」行動的原動力，是因為問題所產生的「不安」。「受害者」不是基於自己想要去做而採取行動，而是因為不想失敗、不想被討厭等，基於想要消除不安而採取行動。**

應該有不少人都覺得「我好像就是這樣……」，爲什麼呢？原因是大多數人都會爲了消除不安而採取行動。

大腦原本就具備「受害者心態」。

遠古時期，地球上的人類一旦天氣晴朗，就會害怕陽光太猛烈；如果樹木搖晃，就擔心「說不定是鬣狗之類的敵人跑來了」，接著採取對策。

人類用這種不放過任何一個問題的方式，提高了生存的機率。

圖5　受害者心態的世界

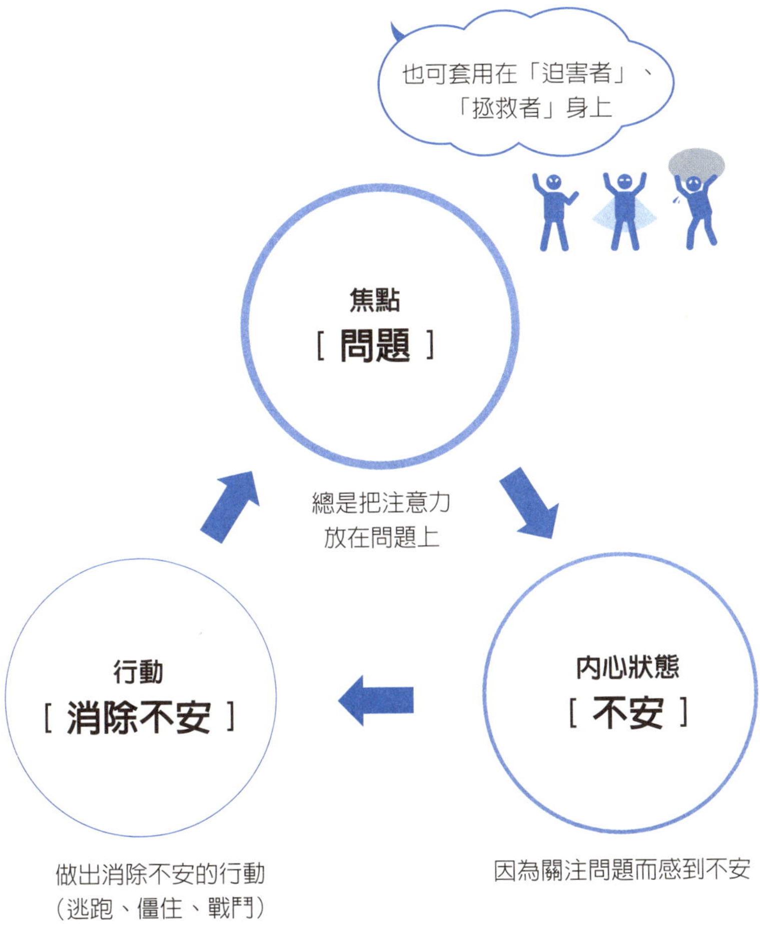

也可套用在「迫害者」、
「拯救者」身上
焦點
[問題]
總是把注意力
放在問題上
內心狀態
[不安]
因為關注問題而感到不安
行動
[消除不安]
做出消除不安的行動
（逃跑、僵住、戰鬥）

可是時代不一樣了。

我們有可以遮蔽猛烈陽光的屋頂，有可以保護我們免受鬣狗侵擾的建築物，也擁有武器。萬一發生了什麼狀況，我們還有可以求生的知識和道具。不需要過度擔心。

希望我們都能用適合現代的思考模式去看待。

「受害者」遇到問題會逃跑、僵住、戰鬥

「受害者」是以不安或恐懼爲基礎在過生活，所以當問題發生時，大多會採取「逃跑」、「僵住」、「戰鬥」三種行動，與其說是「受害者」刻意那麼做，更像是反射性的反應。這三種行爲的英文是Flight, Freeze, Fight，都是F字母爲首，所以又稱作「3F」。

如果我們在森林裡遇到熊，可能會嚇到然後逃跑，也可能僵在原地不動，或是不甘示弱地戰鬥。這三種行動全是根基於不安而有的，也可以說是以在當下保住性命爲目標的求生行動。

①逃跑！

狀況發生時不正面面對，而是逃離現場，或是放著不管。也可能會選擇等待或尋找「拯救者」。

例如被丈夫家暴的「受害者」跑去向占卜師求助，請教「我現在該怎麼做才好？」，也是逃跑的一種。

身爲「拯救者」的占卜師溫暖地迎接「受害者」，說出「辛苦妳了，妳現在的運勢不好，所以這也是沒辦法的事」，試圖幫忙解決問題。

有時占卜師或許會說「只要撒點這個淨化的鹽就好了」、「妳放一個壺就可以了」。

不管是哪種回答，光是逃去找占卜師，完全無法從根本解決問題。

這原本就是夫妻的問題，即使暫時讓狀況冷靜下來，不久後還是會發生家暴事件，「受害者」又會再次逃去找「拯救者」……重複著同樣的循環。

除此之外，也有無視問題本身，用恐懼或痛苦麻痺自己的方式來逃避的情況。

一頭埋進可以讓自己暫時忘記現實的事物，例如藥物、酒精、工作、遊戲、食物等，這些也能夠發揮「拯救者」角色的功能。

②僵住！

也就是所謂的「無法動彈」，陷入腦中一片空白、什麼都沒辦法做的狀態。如果是被「迫害者」罵，就沉默地任由對方罵，又或是在被罵的過程中想別的事情，逃避現實。另外，也有可能變得缺乏活力、躲著不出來，或者變得漠不關心。

正向心理學家馬丁·塞利格曼博士所提出的「習得性無助」，也屬於這個現象。

把狗關進籠子避免牠逃跑，接著在這樣的狀態下反覆施加電擊，之後就算打開籠子的門，狗也不會逃出去。

像這樣持續在痛苦的狀況中，陷入任何事都無能爲力的狀態後，「受害者」將學習到這個經驗。據說不久之後，「受害者」會認定自己做什麼都沒有用，最終導致憂鬱。

③戰鬥！

有時「受害者」會對「迫害者」發動反擊。例如出軌被妻子突然怒吼「你爲什麼要做那種事！」，隨手拿起身邊的東西不斷地扔向丈夫，這就是戰鬥的表現。

我們覺得難受的時候，如果能把情緒說出來，通常不會造成太大的問題。可是這種案例大多是忍耐了很久，但實在是忍無可忍了，最終才「轟！」地大爆炸。

一般的觀點，會認爲出軌的丈夫是「迫害者」，被出軌的妻子是「受害者」，然而從丈夫的角度來看，妻子這時突然變成了「迫害者」。

有時「受害者」和「迫害者」會像這樣來回交換角色。兩邊都想把過錯推給別人，差別在於是把情緒往內壓抑，還是對外爆發。

「受害者」會自己把不安變成現實

我在前面提過，膩煩三角的登場人物，大家同樣都自我肯定感低落，外加沒有自信，因此總是感到不安與害怕。

那種不安，有時候會把悲傷的事情變成事實。

舉例來說，有一名對戀愛沒有自信的M小姐，她的內心其實是很想交男朋友的。

她在這麼想的同時，懷抱著「可是我每次都會被甩」、「反正我總有一天會被他拋棄」的不安。

她會這樣覺得的理由，是因爲以前常被劈腿，或是被甩掉。即使是和後來兩情相悅的他開始交往，那股不安卻沒有消失，始終揮之不去。

爲此，要是她打電話給他，他沒有馬上接電話，她就會開始擔心：「他爲什麼沒有接電話？他說不定其實可以接電話，但是故意不接。他對我的愛是不是變淡了？」

如果他突然有緊急工作要去處理，取消了約會，她就會想「可能比起我，他有其他喜歡的人了」、「他或許是不想要見我」，變得越來越不安，把這些全部視為自己會被拋棄的信號。

還會為了消除不安的情緒而去逼問他：

「你為什麼不接電話？」

「你喜歡我嗎？」

「我和工作，哪一個比較重要？」

這些行為讓他感覺很沉重，演變成了M小姐被甩的局面。

最終，M小姐的不安預言成真了。

他當初是因為喜歡M小姐，才會和她交往。他之所以沒接電話，是因為碰巧在開會，所以想著之後再打給她。假日上班也是逼不得已才去的。

可是在被M小姐逼問的過程中，他開始覺得「又不是我不願意接電話，卻要被追問，好像有點麻煩」，他對M小姐的感覺逐漸發生改變。

於是，他在最後選擇了分手這個選項。

這在心理學的用語中，稱爲**「自我實現預言」**。

請看圖6。因爲不安所採取的行動，最終提高了擔心的事情發生的機率。也就是爲了減少不安而做出的行動，造成了自己想要避免的結果。

就像這樣，**「受害者」會親手把自己的不安變成現實**，眞是令人難過。

在這個案例中，他一開始時曾是塡補M小姐寂寞的「拯救者」。然而站在M小姐的立場，他卻成了拋棄她的「迫害者」。

另一方面，從他的視角來看，M小姐最終成了逼問他的「迫害者」。

圖6　受害者會把不安變成事實

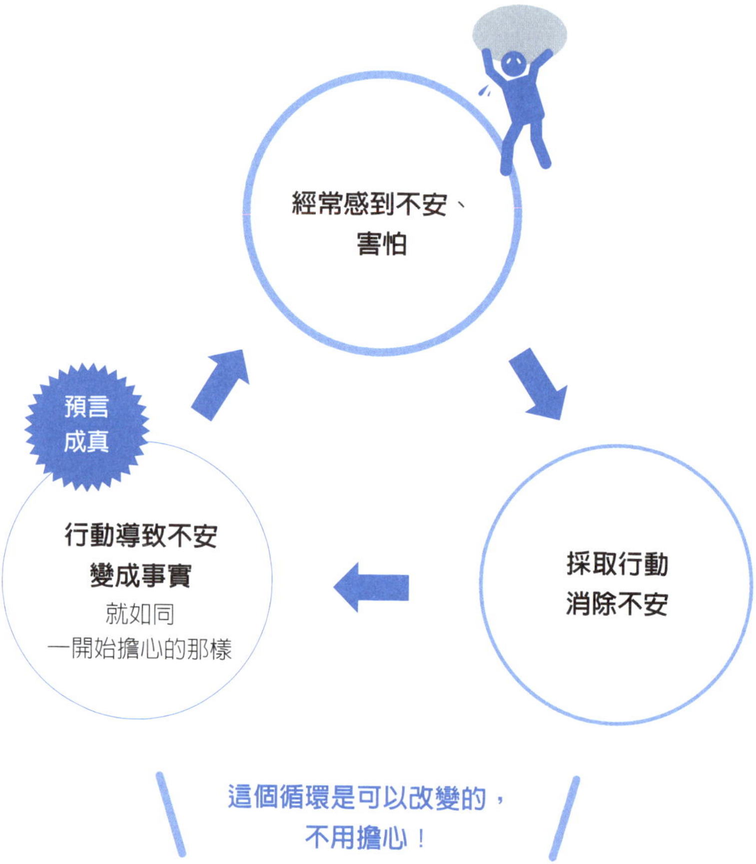
經常感到不安、
害怕
採取行動
消除不安
預言
成真
行動導致不安
變成事實
就如同
一開始擔心的那樣
這個循環是可以改變的，
不用擔心！

膩煩三角會轉換角色，無限循環

「受害者」、「迫害者」、「拯救者」的角色不是固定不動的。三個角色會不斷地交換，同樣的人有時候是「受害者」，在其他時候則成爲了「迫害者」或「拯救者」。

而且角色可能會在幾秒間突然交換。偶爾也會有某人新登場或退場，登場人物換來換去，持續往下發展，讓人深陷無限的循環當中，無論過了多久都無法脫離。

也有非常多的案例以爲問題應該解決了，實際上循環卻沒有結束，在不知不覺中又產生其他的問題。

三者之間有許多共同點，所以不難想像就算角色變了，他們仍然會在同樣的世界用相似的態度生活。

交換的方式有以下六種：

受害者→迫害者
受害者→拯救者
迫害者→拯救者
迫害者→受害者
拯救者→受害者
拯救者→迫害者

我們接著來看看具有代表性的兩個案例。

「受害者」變成「迫害者」的時候

總是被迫害的「受害者」，不會一直被迫害。

「受害者」如果覺得忍無可忍，會向對方做出反擊的攻擊行爲。

在那個瞬間，「受害者」變成了「迫害者」。

舉例來說，假如小孩一直覺得「爸媽好囉嗦，眞討厭」，然後在某個時刻情緒爆發，對父母大吼「吵死了！」，並且向他們扔東西。

父母感嘆：「我這麼爲孩子著想，他卻跟我頂嘴，還拿東西丟我！」

在這個情況，過去是「受害者」的孩子對父母來說，變成了「迫害者」；而曾是「迫害者」的父母立場，換成了被孩子扔東西的「受害者」。

「受害者」會採取的行動之一是「戰鬥」，當戰鬥導致對方產生「厭惡」等負面情緒時，「受害者」就會變成對方眼中的「迫害者」。

還有另一個例子，可以從立場看見「受害者」同時也是「迫害者」。

例如丈夫某次出軌被發現。

妻子憤怒地說：「都已經跟我結婚了還這樣，你也太過分了！」

從妻子的角度來看，丈夫是讓她痛苦的「迫害者」，她是「出軌丈夫的妻子」（被劈腿的妻子），所以是「受害者」。

那麼，我們接下來站在丈夫的立場來看。

假如丈夫心想「要是妻子對我更溫柔……我也不會出軌」，丈夫即是「受害者」，妻子成了「迫害者」。

此外，如果妻子對丈夫發飆大吼「你到底想怎樣！」，拿書丟丈夫或打丈夫，從丈夫的角度來看，雙方的立場有了以下的轉變：

- 妻子＝受害者→迫害者
- 丈夫＝迫害者→受害者

像這種登場人物雙方都認爲自己是「受害者」，對方是「迫害者」的情況很常見。

有一個家庭（父親、母親、兩個孩子的四人家庭），父親看著把家裡玩得亂七八糟的孩子大罵：「爲什麼弄得一團亂！這是大家的房子，你們也稍微考慮一下別人的感受。要玩另一個遊戲前，先把環境收拾乾淨！」

母親看到父親那樣，對父親說：「你幹嘛，不需要那麼生氣吧。」

緊接著，父親對小孩說出了以下的話：

「都是你們害爸爸被媽媽罵。明明因爲你們是壞孩子，爸爸才會罵你們，說到底都是你們的錯。」

在這個情況，從孩子的角度來看，自己是「受害者」，責罵自己的父親是「迫害者」，而母親則是「拯救者」。

另一方面，父親認爲「都是孩子們害我被孩子的媽罵」，所以自己是「受害者」，造成自己被孩子的媽責罵的孩子們則是「迫害者」。

「拯救者」變成「受害者」的時候

在膩煩三角中，「拯救者」很常變成「受害者」。有個例子是這樣的。

大學裡有個無精打采的學生，保健室的老師心想：「我想讓他重新打起精神！」決定要親切地聽學生說話。於是老師打電話叫學生出來，努力地開導學生。

然而那個學生完全沒有恢復精神，倒不如說狀態變得更差，看起來失去了活力。

老師看著學生的樣子，開始感到焦躁，甚至有了以下的想法：

「我這麼努力，花時間費盡心思給他建議，他卻一點都沒有聽進去，完全沒有變好……。」

在這個情況下，一開始時無精打采的學生是「受害者」，老師則是「拯救者」。

然而，老師開始感到煩躁後，角色開始產生變化。

- 老師＝拯救者→受害者
- 學生＝受害者→迫害者

老師逐漸覺得：「我都這麼努力了，這個學生卻都不肯聽勸，不做我說的事情，真是個壞孩子。」

假設這位老師後來去找諮商心理師討論並尋求協助。

「不管我做什麼，學生都完全沒有變好，請幫忙想想辦法。請你打電話給那個學生，或是寄電子郵件給他。」

這個時候，如果諮商心理師依照老師的請求，直接與學生取得聯繫，代替身爲「受害者」的老師去鼓勵學生，諮商心理師便成了老師眼中的「拯救者」。

我曾經實際經歷這樣的狀況，但這不僅不會讓學生好轉，反而還會讓學生狀態變得更糟。因爲對學生來說，不過是「拯救者」從老師換成了諮商心理師而已，學生依然無力面對。

如同上述的案例，每個人對於自己是「受害者」還是「迫害者」，抑或是「拯救者」的看法不同，三種角色也會不斷地交換。

從膩煩三角變成幸福三角的轉換法，可運用在各種場合

從膩煩三角變成幸福三角的轉換法，其優點在於適用各式各樣的狀況。

- 親子關係（小孩不聽話、父母很囉唆）
- 夫妻關係（妻子或丈夫道德騷擾、家暴、不肯幫忙做家事或育兒）
- 婆媳關係（婆婆刻意刁難、無視、差別待遇）
- 媽媽友（展現優越感、老是說別人壞話、操控）
- 職場霸凌（利用職務之便做出某些言行）
- 與主管的關係（被主管呼來喚去）
- 與下屬的關係（下屬缺乏工作幹勁）
- 與學生或病人的關係（有問題行爲、缺乏動力）

諸如此類，可以運用在各種場合。

尤其是親子、夫妻、職場的人際關係等，想要切斷關係並不容易，就算想

要改變，也很難做到。

不過即使不換對象，也有辦法改變狀況。

首先，你要**稍微改變自己「看待事物的方式」**。

光是做到這一點，你的言行會先產生變化。同時，連帶影響到對方，接著狀況或環境將有所轉變。

這個方法的優點，是只要把所有關係套入「受害者」、「迫害者」、「拯救者」這三者間的關係圖即可（也有缺少「拯救者」，或者對方不是人，而是事物或狀況的情形）。圖表的架構如下，非常簡單。

- 感到不愉快的人＝**受害者**
- 造成不愉快的人、事物、狀況＝**迫害者**
- 降低不愉快的人、事物、狀況＝**拯救者**

我們來實際套入看看。

◎小孩不聽話的情況

- 感到不愉快的是自己＝**受害者**
- 造成不愉快的是孩子＝**迫害者**
- 消除煩躁感的是食物＝**拯救者**

◎丈夫道德騷擾的情況

- 感到不愉快的是自己＝**受害者**
- 造成不愉快的是丈夫＝**迫害者**
- 陪你聊這件事的是朋友＝**拯救者**

像這樣根據狀況進行思考。

那麼，請你在下一頁的練習，試著把周遭混亂的人際關係做成圖表。

寫下膩煩三角的練習

你周圍的人際關係是怎樣的組成？
請列出登場人物，寫下膩煩三角的狀況與角色變化

［現在的狀況］

●每個人扮演的角色？

受害者 ＝

迫害者 ＝

拯救者 ＝

［角色的變化］

●角色是怎麼變化的？

受害者 ＝ ➡ 者

迫害者 ＝ ➡ 者

拯救者 ＝ ➡ 者

第 3 章

陷入膩煩三角的人們

自尊心強的人容易變成「受害者」

這個章節，我將介紹容易變成「受害者」、「迫害者」、「拯救者」的人的特徵。但只要是人，不論誰都有過陷入膩煩三角的經驗，因為我們的大腦會受關注不安的消極偏見（Negativity bias）影響。

不過，「受害者」不會永遠是「受害者」。

「受害者」、「迫害者」、「拯救者」的角色會不斷地交換。

然而有的人做「受害者」的頻率偏高，或是長期抱持「受害者心態」。就讓我們來了解這個角色的特徵，並從此脫離吧。

①「受害者」的自尊心很強

「受害者」的自尊心很強，因此不想承認自己能力不足。一旦發生問題，就會把過錯推給別人，避免自尊心受到傷害。

自尊心強也可以說是「擁有具附帶條件的自我肯定感」。雖然能夠接納做得好的自己，卻沒辦法接納做不好的自己。因此只要把過錯推給「迫害者」，不去挑戰，就不會失敗，便能保護自尊心。「受害者」的位置，是個能夠守護自己自尊心的好選擇。

在我工作的大學，學生必須去留學一年，所以會定期舉辦TOEFL考試。對此有個學生每次到了考試當天，一定會肚子痛。

他可能是在想「我因爲沒辦法參加考試，才沒拿到留學需要的分數」。

這種狀態就稱爲「自我設限」，也就是做出妨礙自我成長的行爲，避免自己經歷失敗。

②「受害者」即使讓自己很糟，也想刷存在感

容易成爲「受害者」的人，有時候是因爲過去累積了許多就算努力也無法獲得關注，出問題時反而會受到關注的經驗。

例如精神奕奕地去學校上學時，母親都不關心，但身體一不舒服，母親就會突然關心起自己，或是如果自己生病了，父母會變溫柔，並且照顧自己等。

沒有引起任何風波，平安無事過生活的時候，父母或周圍的人完全不關注自己，然而不好的事情發生時，自己卻獲得了關注，這樣的經驗一旦多了，將在不知不覺中植入「有問題比較能和人建立關係」、「沒有問題就不會被看見」等想法。

甚至會讓人產生「我要是變幸福，大家就不會看我了，關係會結束」的想法，下意識地尋求讓自己變得不幸的麻煩或討厭的事。

批判性強的人容易變成「迫害者」

容易被視爲「迫害者」的人，通常認爲自己是「受害者」。「迫害者」雖然不容易辨認，但硬要說的話，具有以下的特徵。

①「迫害者」總是聚焦於過去和「弱點」

「迫害者」有責備他人「都是你的錯」，從過去尋找問題的傾向。此外，「迫害者」常會說出「你就是這點不好」、「你這部分做得不夠好」、「這裡應該要那樣做會比較好」等，總是把焦點放在欠缺的部分或「弱點」上。

②「迫害者」也是不表達意見下累積出的結果

容易成爲「迫害者」的人往往說話的語氣強硬，所以看起來都有把自己想說的話說出口，但有的人成爲「迫害者」是因爲把想說的話一直放在心裡，忍耐久了後所導致的結果。

那些累積的話語在某個時刻爆炸，「轟！」地砸向對方，於是變成了「迫害者」。想要說的話，要是能在當場說出來就好了。

③「迫害者」看起來很強大，但其實很脆弱

「迫害者」會訴諸暴力，用強硬的語氣攻擊對方，所以乍看之下很強大，但「迫害者」其實有脆弱的地方。

一個小混混只是稍微跟別人碰到肩膀，或者對方好像跟他對到了眼，就會故意找碴說：「怎樣，想吵架是不是？」這也是先下手爲強的一種。

還有一種狀況有點類似，就是霸凌者一遭到反擊，會突然變得安分許多。

④「受害者」時期的憤怒是「迫害者」的點火藥

「迫害者」很多時候是前受害者，所以那時候沒有宣洩的憤怒就變成了點火藥，有時會讓「迫害者」變得有攻擊性。在這種情況下，也許「迫害者」眞正氣的對象是過去的某人，又或是過去的自己。

認真又體貼的人容易變成「拯救者」

①「拯救者」擁有具附帶條件的自我肯定感

雖然是「拯救者」，但不代表永遠會待在「拯救者」的角色，而是指以「拯救者」身分發揮角色功能的時間很長。

容易落入「拯救者」角色的人與「受害者」相同，大多數擁有的並非單純的自我肯定感，而是有附帶條件的自我肯定感。很可能他們從童年時期開始，就很常有在有附帶條件的情況下被誇獎、被愛的經驗。

如果乖乖聽父母的話，就會被誇獎，但是不想聽話時頂嘴說出「啊～電視現在演到正精彩的地方欸」，就會挨罵。

認爲最眞實的自己不會被愛，必須在有附帶條件下才會被愛，例如「考高分」、「當好孩子」、「照顧妹妹或弟弟」等。累積了許多別人不看過程，只看結果被誇獎的經驗。

因而感覺自己如果對別人沒用處，就不會被愛。

父母應該是眞的無條件的在愛你，但我們人類擁有消極偏見，會不小心就用負面的角度看待事物。父母也是出於爲孩子好，才故意用要求嚴格的「差距取向」來努力教你。

②「拯救者」是完美主義者且個性認真

擁有有附帶條件的自我肯定感的人，是容易養成完美主義，也容易成爲「拯救者」的人，而且有很多都是完美主義者。

「拯救者」之所以會這樣，是因爲他們認爲「自己必須完美，才會被愛」。

舉例來說，在學生時期經歷過考滿分會被誇獎，但是考95分就會被罵「爲什麼沒考滿分」的人，可能會覺得「沒考滿分的我眞沒用！」、「我必須考好才行」。

產生自己不完美就不會被人喜歡、無法獲得認同的想法。我之所以養小孩養得很辛苦，沒有尋求協助，也是因爲我是完美主義者，沒辦法對他人示弱。

此外，容易變成「拯救者」的人，大多是耿直又認眞的人。他們多半有著「我不可以逃跑」、「我不做誰來做？」、「必須好好改正錯誤的事情」的心態，抱有強烈的責任感。

這樣的心態要是過了頭，會連原本屬於自己職責範圍外的事情都覺得「我必須做」，如果做不到，便會自認該負起責任，心想「全部都是我的錯」，而責怪起自己。

③「拯救者」多半從事使命感很強的工作

父母、老師、諮商心理師、醫生等，比較容易成爲「拯救者」。因爲他們懷抱著強烈的使命感，例如「我必須把比自己年輕的（幼小的）孩子養育得很出色」、「我得讓他們好好學習」、「我一定要治好（比自己弱勢的人）」等。

要是懷抱的使命感太過強烈，會造成他們萌生「要是我不做，對方會完蛋」的心態，進入活在「拯救者」角色的狀態。

這些同時也是倦怠或憂鬱、停職狀況較多的工作。

「拯救者」往往非常親切且內心充滿愛，所以難以做到課題分離，把對方的不幸當作自己的責任。

④「拯救者」大多是長女、長男

長女或長男出生後，立刻獨享父母的愛。可是某天幼小又可愛的弟弟或妹妹出現後，他們有種愛突然被搶走的感覺。

他們自己在嬰兒時期也同樣受到寵愛，但很可惜的是他們並沒有這樣的記憶。當父母的注意力都集中在弱小無力、需要人照顧的嬰兒身上時，爲了讓自己獲得關注和關愛，長男或長女可能會產生「我要有好的表現」的想法。

他們完美地做好各種事情，站在「能幹的孩子」、「不會給人添麻煩的孩子」、「有用的孩子」的立場，想要守住自己的地位。

小孩要是被父母拋棄，就無法生存，所以會扮演家庭最希望他們成爲的自己。他們在長大成人離開家後，也沒有改掉這個習慣，因此可能會想要透過對人有幫助這件事，來感受到自己的存在價值。

這很容易造成「拯救者心態」。

⑤「拯救者」也會逃避自己的煩惱

「拯救者」會爲了不要正視自己的問題，而去救助別人。

這是一種逃避的行爲。

救助人的行爲可以麻痺「拯救者」的內心，也會成爲救助自己的行動。

即使不清算過去，未來也能被改變

前面統整了容易成爲各個角色的人的特徵，但實際情況卻更加複雜，只是這裡我特別試著改成簡單易懂的版本。看完之後，也許有人會覺得「如果我在成長的環境中，就在扮演膩煩三角裡的角色，應該很難改變那個情況」。

事實上，絕對沒有這種事。

因爲就如同我在開頭說的，人際關係是一種「技能」。

我們常說「過去無法改變」，過去的「事實」確實沒辦法改變，但如果用膩煩三角去解讀過去發生的事情，就**可以改變過去的「意義」**。

當壞事發生時，我們會認爲那就像是過去的延伸，例如「說不定是因爲那時的那個不好」、「我之前做了不好的事，所以吸引到壞事」、「我的問題原因，與童年時期的那件事有關」。

或是認爲「只有接納過去的創傷或痛苦的事情，才能進到下一階段」，盤點起過去的人生。如果要用更靈性的方式，也有人會想要重新審視內在小孩（受傷的孩子的內心＝童年時期經歷過的負面記憶、回憶）。

可是檢討過去，沒有什麼意義。你就算不去一一回顧過去的事，嘗試清除或修復痛苦，未來也可以被改變，而且做法還更簡單。

我會這麼說，是因爲**未來不在過去的延長線上。**（見圖7）

無論你的過去如何，都與你此刻要創造的未來無關。

你要做的事情只有一個。

就是了解現況，讓它變成幸福三角。

我學院的學生曾說過這樣的話。

「學會膩煩三角之後，我面前的門一扇接著一扇打開了。從前我以為那些門非常沉重而且厚實，但實際上它們就像西部片的舞台布景，風輕輕吹過就會隨風不斷開闔。」

圖7　未來不在過去的延長線上

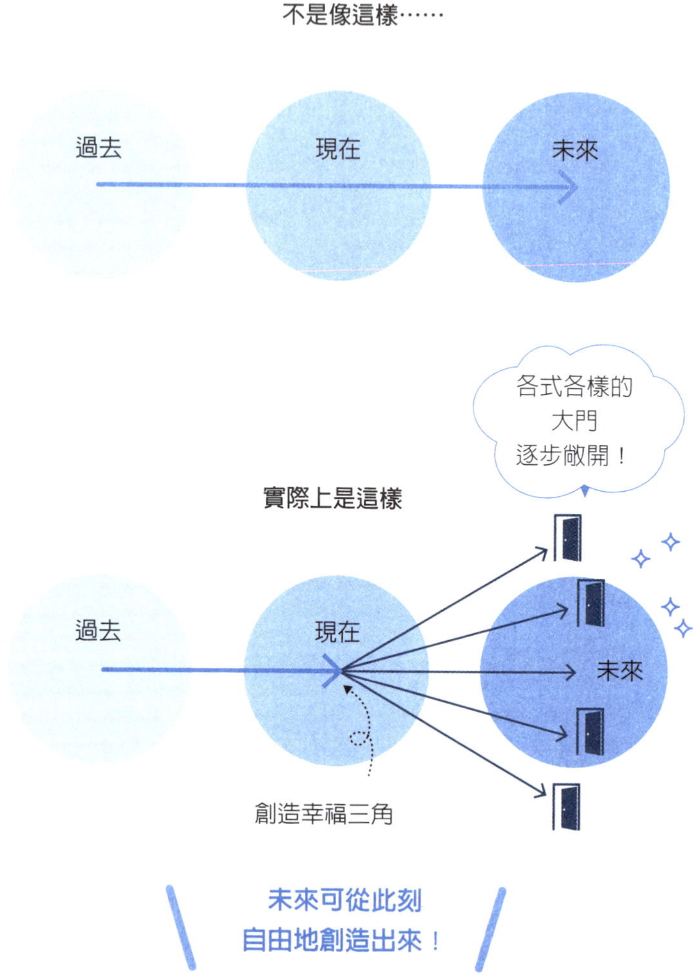
不是像這樣……
過去
現在
未來
實際上是這樣
各式各樣的
大門
逐步敞開！
過去
現在
未來
創造幸福三角
未來可從此刻
自由地創造出來！

其實改變未來不是一件痛苦的事，也並不辛苦，它就是這麼簡單的事。
不去清算過去也沒關係。
只要用膩煩三角改變看待事物的方式，未來自然會變得不同。

第 4 章

用幸福三角讓人際關係漸漸變好

「不和諧的關係」變成「和諧的關係」

了解膩煩三角後，你應該會很想脫離它。脫離的時候就如同圖8所示，倒三角形▽將顛倒過來變成正三角形△。

「受害者」變成「創造者」、「迫害者」變成「挑戰者」、「拯救者」變成「教練」，這是「膩煩」轉變成「幸福」的瞬間。

這個模式在心理學用語中稱爲**「TED」**（The Empowerment Dynamics，賦能動力），Empowerment 的意思是賦予權力、Empower是給予自信、Dynamics是動力或能量。

TED可以說是讓彼此變幸福的**幸福三角**。

圖8　幸福三角的世界

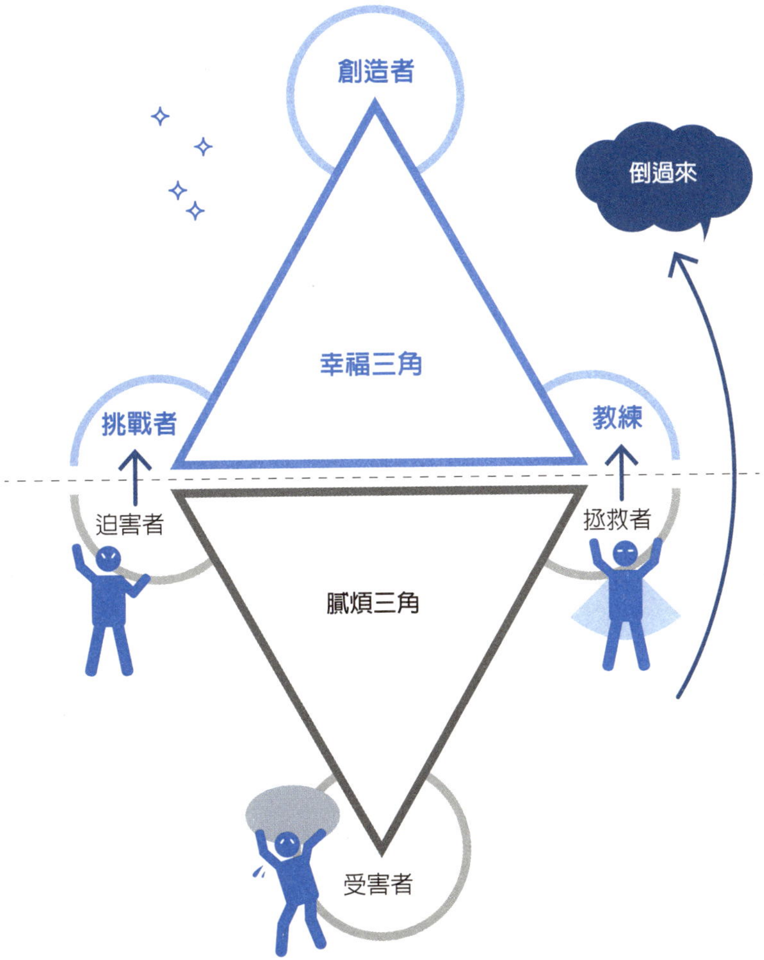

（參考The Power of TED. David Emerald 2005製成）

換句話說，就是膩煩三角轉變成了給予自信和能量的關係。這叫做溝通分析，是一種研究人與人互動（溝通）的心理學的思考方式。

①「受害者」變成開拓自己道路的「創造者」

你可以從老是覺得麻煩和壞事找上自己，什麼都做不了的悲劇主角，變成親手開拓自己的道路，實現夢想的「創造者」。

從被動的生活方式，轉變成自己發起行動，積極主動的生活方式。你能夠不再把過錯推給別人，而是走向自己選擇的道路。

這個模式會讓你從

「可憐的我 ↕ 惡劣的你」的世界，

轉換到

「有夢想的我 ↕ 支持我夢想的你」的世界。

轉變成你爲了夢想思考「我現在可以做什麼」，親手去開拓的世界。

此外，就如同世界會對你造成影響，你自身也會對你所在的世界帶來影響。

②「迫害者」變成讓自己成長的「挑戰者」

「迫害者」在遇到「受害者」的時候，通常被「受害者」視爲妨礙或阻礙，例如「受害者」在做事情的時候，會覺得「都是○○害我遭遇這種事，所以我才沒辦法……」等。

如果「受害者」成爲了「創造者」，就會覺得「因爲有○○，我才能夠成長」，「迫害者」變成帶來挑戰、促進成長，令人感謝的存在。

具體來說，「挑戰者」會喚起「創造者」的創造意願，促進「創造者」獲得新的知識和技巧，讓「創造者」不把難以做出的抉擇延後，而是做出決斷，並且催促「創造者」做出實現夢想需要的行動。

「挑戰者」和「迫害者」一樣，有可能是疾病或新冠疫情等事物或狀況，不一定是人。

③「拯救者」變成支援對方成長的教練

覺得「因為對方是可憐的人，所以我必須幫助他」而拯救「受害者」，藉由被依賴看見自己存在價值的「拯救者」，可以變成說出「你沒問題的，你做得到！」，相信對方並給予勇氣，支持對方成長的「教練」。

「教練」提供「受害者」以「創造者」身分獨立所需要的幫助。「教練」應該會看見原本以為自己一堆缺點的「受害者」的「優勢」。

像這樣稍微改變思考方式，以及看待事物的方式後，就能從互相扯後腿的關係，轉變為互相砥礪，有助於成長的正向關係。

什麼是人際關係好轉的過程？

因為癌症宣告而徹底陷入膩煩三角中

在這個段落，我會稍微介紹一下自己的實際體驗。

２０２２年５月，我被宣告患有第二期乳癌。腫瘤一開始經乳房攝影看到是２公分大，但在一週後做的ＭＲＩ檢查，我被告知是５公分，淋巴結轉移的地方也有兩個。

「爲什麼是我？」

「兩個月前觸診的醫生沒有發現這個癌症。」

「都怪那間取消檢查的醫院，才會發現得這麼晚。」

「一定是因爲丈夫和女兒老是給我壓力，才造成了乳癌。」

「新冠疫情疫情導致醫院人手不足，所以我預約不到檢查。」

想要責怪他人的情緒接二連三地冒出，還萌生出想要責備自己的感覺。

「是不是因爲我飲食習慣不好？」

「是因爲運動量不夠嗎？」

「竟然超過一年才去預約健康檢查，我眞是太蠢了。」

世界眞的變得灰暗，我甚至開始覺得親近的人都將離我遠去，恐懼感日益加深。

「要是就這麼發展到下一期……孩子們該怎麼辦？」

我可以想像出千萬種黯淡無光的未來。

這時我成了「受害者」，癌症是「迫害者」，醫生是「拯救者」。可是，在我脫離膩煩三角，進入幸福三角的世界後，人生起了轉變。

一個決定，讓我從「受害者」變成「創造者」

因爲我學過正向心理學，所以我知道自己陷入了膩煩三角中。因此，我第一個做的決定，是不要當「受害者」，而要作爲「創造者」活下去。我花了三天的時間，才走到這一步。

這時，擔心我的哥哥打了電話來。

「妳不要只照醫生說的做，自己也要調查會比較好。」

哥哥寄來的書裡，有用各式各樣的方法自己治好癌症的人們的筆記。除此之外，我自己也做了調查，例如在網路搜尋或是聽聽別人的說法。很快地我開始覺得說不定有什麼自己可以做的事。

在我決心成爲任何事情都自己定奪並開創的「創造者」時，我也做出了以下的決定。

- 治療癌症（我的癌症會痊癒）
- 不回顧過去尋找原因

- 不責怪人或環境，也不責怪自己
- 只思考自己現在可以做些什麼來治療癌症

如果有疾病會痊癒的未來，勢必也有不會痊癒的未來，而我選擇了相信會痊癒的未來。我向醫生提出很多問題，深化對癌症的理解，在接受的同時，制定了治療的計畫。於是，原本灰暗的世界，重新有了色彩。

與其尋找原因，不如思考意義

「癌症禮物」是其中一個我在得了癌症後認識的詞彙。意思是因爲得癌症而獲得的禮物。在開始治療時，我下定決心要從癌症獲得些什麼，從這項挑戰中有所學習。

然後我不再尋找「我爲什麼會得癌症」的原因，改成思考我得癌症的意義。

起因是我的母親打來的電話。

「我最近常覺得自己的人生平靜無波很無趣。可是在妳得了癌症之後，我意識到平靜無波的人生有多幸福。我這樣想之後，內心充滿了感謝……一切都是神給的禮物。」

面對逆境，思考什麼是禮物的觀點，非常像「創造者」會做的事。此外，人生到了下半場後，特別會有一種發生的事情全都有意義的感覺。我想了一想。

「如果這是癌症禮物，它到底要爲我帶來什麼呢？我可以學習到什麼？」

我之前曾在某些事件發生後，爲從中學到的事情賦予意義。不過，這次我要在克服難關之前，事先決定我要從這個經驗學到什麼。

我第一個想到的，是學會依賴別人。我很習慣什麼事情都一個人去做，非常不擅長依賴他人或接受別人的照顧。或許是因爲我認爲不完美，就不會被愛吧。

當兩個孩子分別是一歲、兩歲的時候，我跟丈夫過著遠距生活，我在秋田、丈夫在美國，我完全是僞單親狀態。那時我每天都痛苦到不行，老是在罵孩子。現在回想起來，會那樣都是因爲我痛苦時沒辦法依賴別人。

「癌症或許是想教這樣的我學會依賴。」

被宣告得癌症時，我是這麼想的。不僅如此，我也察覺到，由於工作的性質，我雖然很頻繁地照顧心靈，對身體的照顧卻有點疏忽。

「可能是我過勞了，癌症是爲了教我放慢工作腳步而來的。」

我也曾這麼想過。

因為公開而發生好事

「在這個每兩人就有一人得癌症的時代。我想要痊癒，成爲癌症患者的希望！我想成爲世界第一開朗的癌症患者，成爲希望之光。因此我要先公開這件事。」

這是我決定要做的第二件事。我向在工作上或社群媒體上與我有聯繫的人，公開了自己的疾病。

起初，我很猶豫，因爲我不想讓別人覺得我是可憐的人。在那個時刻，我發覺自己把患有重大疾病的人視爲可憐的人，我用看「受害者」的眼光在看生病的人。

我感覺「那樣不太好，而且如果是我，也不喜歡被那樣看待」，所以我決定要公開。

除此之外，我聽協助照顧癌症患者的人說：「很多人在職場上不會提到自己得癌症，而是用有薪假偷偷地去治療。」這件事也推了我一把。

我心想，「我要透過公開疾病，讓這個社會變成當任何人有需要時，都能獲得協助的社會。」

我這麼做之後，事情有了意料之外的發展。想要幫助我的人一個接著一個出現。

「聽說○○對癌症很有幫助。」

「其實我也得了癌症。」

「我的父母因爲癌症去世了。」

「我從年少時期，就是需要照顧生病父母的年輕照顧者。」

從治療方法到自我揭露，許多人來聯絡我，給了我非常大的鼓勵。雖然我一開始時很猶豫，但我打從心底覺得公開眞是太好了。

手術後，21名朋友一人一天帶食物來給我，爲我接力送餐，讓我得以好好休養了3個禮拜。

就結果而言，在經歷5個月的抗癌藥物治療後，我動手術時，腫瘤已經變成2公釐，轉移也消失了。

而且療程也是在癌症藥物和放射治療都沒什麼副作用的情況下完成，其中最讓我開心的，是在心理層面沒有陷入低潮，我愉快地克服了難關。

「創造者」是能夠打造人生的人

脫離膩煩三角的世界後，幸福三角的世界正在等著你。在那裡，「受害者」會變成「創造者」、「拯救者」會變成「教練」、「迫害者」會變成「挑戰者」。

我們先來看看「創造者」，「創造者」是怎麼樣的人呢？

①打造自己的人生

「創造者」認爲「自己能夠打造自己的人生」。

人、社會、未來，「創造者」信任這一切，所以不會著急，他自己做決定，並且擁有採取行動的能力。愛與熱情是「創造者」行動的基礎。

「創造者」會思考：「我想要打造這樣的未來，所以我該做些什麼？」這讓他可以用更做自己、更自然的方式向前邁進。

②相信人和社會，會尋求幫助

「創造者」知道自己的周圍有看得見自己「優勢」的人，以及了解自己的人。

所以他也能安心地展示自己的弱點，還有做不好的部分。

此外，「創造者」有辦法說出「我這部分很弱，所以希望你能幫忙」，向他人尋求協助。

這與「受害者」依賴「拯救者」是不一樣的。

「受害者」期待「拯救者」可以解決問題，把事情全部推出去，但「創造者」是爲了自己想要打造的世界，而找人提供必要的協助。

「創造者」知道大家願意支持他的幸福。

我想要治療癌症、想要在手術後靜養，拜託別人接力送餐的做法，正是符合後者的情況。

③擁有創造者心態

「創造者」在幸福三角中，是核心般的存在。在膩煩三角中，所有人是以恐懼為基礎，懷抱著「受害者心態」，但幸福三角正好相反，所有人都是以想要這麼做的熱情為基礎來行動，擁有「創造者心態」。

在「受害者心態」（81頁的圖5）的狀態下，焦點會集中在「不想要什麼」的問題上。

心中產生不安，於是為了消除不安而採取行動。人類一旦感到不安，就容易提出否定或負面的看法，例如「我討厭那個」、「這個不好」。

如果被問到「那你想怎麼做」、「你希望是怎樣的狀況」，很多人都不知道該如何回答。因為他們老是盯著「不想要的東西」，沒有在看「想要的東西」。

相較之下，**「創造者心態」如136頁的圖9。創造者心態會聚焦於理想，也就是「我想要什麼」。**

經常想像自己想要的東西，以及理想和目標。

如果用夫妻關係來舉例，就是不去想「對方不做什麼」，而是思考：「怎樣的關係才是理想的關係？」

圖9　創造者心態的世界

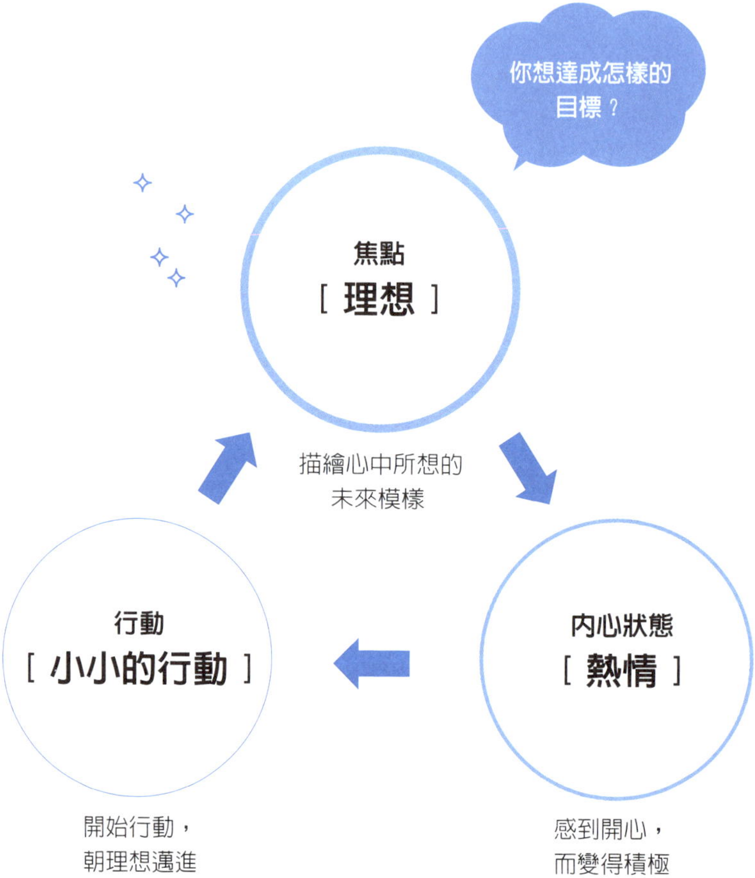
你想達成怎樣的
目標？
焦點
[理想]
描繪心中所想的
未來模樣
內心狀態
[熱情]
感到開心，
而變得積極
行動
[小小的行動]
開始行動，
朝理想邁進

假如是親子關係，就不會把重點放在「我不想要生氣」，而是提出「我想要怎樣的關係」的理想。

另外還有想像「我想要與媽媽友建立怎樣的關係」、「我希望婆媳關係如何改變」、「我對於和主管的關係有什麼樣的期待」等。

因此「創造者」的內心總是充滿熱誠，然後會為了離願景更近一步，而做出小小的行動。

有趣的是，成為「創造者」後，就如同發生在我身上的那些事，機緣巧合和共時性等，難以用偶然這個詞彙說明的幸運事件變得經常發生。

當「我想要什麼」是非常明確的，周遭的人也就比較好提供協助。

「創造者心態」就是在理想變得明確後，把朝理想邁進的一小步化為行動。不只限於人際關係，也可以用來想像自己想住的房子或生活方式。如果可以，請把你想到的全都寫到筆記本上。

「挑戰者」是會讓人成長的人

「挑戰者」有以下的特徵。

①會促使人採取行動

「挑戰者」是製造契機，讓對方發起行動的人。促使人爲了實現夢想或願望，去學習新的技術，或是做出困難的決定。

②化災難為福氣

在社會上，有時會從不得了的人身上學到教訓，那也是「挑戰者」。「挑戰者」可以是人、物品、狀況、環境。

只要改變看待事物的方式，對方就會從「迫害者」變成「挑戰者」。

「因爲過分的主管，讓我知道選擇商量對象的重要性」、「託裁員的福，我找到了眞正想做的工作」、「因爲離婚，我才能遇到現在的伴侶」，當你能這麼想的時候，裁員和離婚都會變成「挑戰者」。

新冠疫情也是一樣的道理。應該很多人都體驗過那時的不方便，但ZOOM等線上工具的普及，肯定也讓不少人能夠用更自由的方式工作。當你可以用這個角度去思考時，新冠疫情也會變成「挑戰者」。

③雖然不喜歡，但從結果來看是令人感激的存在

「挑戰者」大致可以分成兩種類型。

・帶來建設性的挑戰者

這樣的「挑戰者」是促使自己往希望的方向前進，令人感激的存在。

舉例來說，對在大考時主張「我不想去這所學校！」的學生說出「你未來說不定很適合往這方面發展」，從其他角度提供建議的老師，就是帶來建設性的挑戰者。

・不具建設性的挑戰者

自己雖然不喜歡，但從結果來看是令人感激的存在。

例如討人厭的主管，或是疾病等，你沒有想要，就結果而言卻爲你帶來良好學習效果或成長的人事物。

「教練」是能夠支持別人的人

「拯救者」變成「教練」後，會變得怎樣呢？「教練」有以下的特徵。

①相信「受害者」

「拯救者」認爲受害者「沒有我就什麼都做不到」。

換句話說，「拯救者」並不相信對方。

相較之下，「教練」相信對方，認爲「這人可以自己解決問題」。

這麼做的結果，是「受害者」會找回自信，萌生「去試試看吧！我要靠自己克服！」的感受。

②去看「受害者」的「優勢」

「拯救者」會把注意力放在「受害者」的「弱點」、「缺點」上，但「教練」看的是「優勢」、「優點」。

「教練」會說「你有這樣的優勢，應該可以活用它。所以不要擔心，你一定能做得到」，帶給對方勇氣。

對方的自我肯定感會逐漸提升。「教練」的角色功能，就是看見對方自己不容易看到的「優勢」。

③不探究原因，關注未來

相較於「拯救者」聚焦在過去的問題，例如「爲什麼會出現那種問題」、「或許是之前的○○不好」，「教練」關注的是未來的理想或目標，詢問「你想要去哪裡」。

④提供支持讓對方可以自己解決問題

「教練」會去除受害者「我是一個沒辦法獨自做好任何事的人」的偏見，協助取回被奪走的力量。

發揮解毒劑的功能，消解「做不到」的詛咒。

「受害者」在「教練」的支持下，將湧現自己也可以做得到的自信並蓄積力量，變得可以自行成長。

然後，下次再發生同樣的問題時，「教練」會給予讓「受害者」能夠自己解決問題的建議，同時提供支援。

⑤「教練」本身就是「創造者」

說到「教練」，就會讓人想到運動的「教練」給人的印象。運動的「教練」雖然不會上場比賽，卻能提供支援，讓選手們可以發揮最好的表現。

幸福三角世界中的「教練」，也有相似的地方。

與運動的教練不同之處，在於幸福三角的教練本身也是「創造者」。

換句話說，「教練」身兼「創造者」。

所以**「教練」不是因為讓誰變幸福而獲得滿足感，而是自己本身也在努力實現夢想。**

這一點非常重要。

如果只是爲了支援別人而奉獻出自己，就會變成「拯救者」。

第5章

從「受害者」變成「創造者」！

光是換個「看待事物的方式」，就能讓角色完全改變

從這個章節開始，我會介紹脫離膩煩三角的方法。

其實**發生的討厭的事、不好的事都不是「事實」，而是你「看待事物的方式」。我們待在膩煩三角的世界時，會把引發討厭的事的人、現象、環境全都視為「迫害者」。**

舉例來說，假設你經營了一間餐廳。餐廳相當受歡迎，客人絡繹不絕地來。可是因爲新冠疫情的關係，外出受到限制，來的客人一下子變少，營業額大幅降低。你負債累累，付不出房租，不得不把餐廳收掉。

在這個情況下，新冠疫情是壞人兼「迫害者」，你是被疫情迫害的「受害者」。

那麼，如果是以下這樣的情況呢？你同樣開了間相當受歡迎的餐廳，但營業額因爲新冠疫情大幅降低。

你因此開發菜單並開設網路商店，把餐廳的美味推廣到全國後，做得非常成功，其他餐廳的老闆也紛紛跑來找你諮詢。

現在除了經營餐廳和網路商店，你還舉辦了爲餐飲業者開設的網路講座。多虧新冠疫情，你不僅事業版圖擴大，收入也增加許多。

在這個情況下，不是「都是新冠疫情害的」，而是「託新冠疫情的福」，疫情變成帶來轉機、令人感激的存在。新冠疫情是讓你成長的「挑戰者」，你成爲了「創造者」。

就如同這個例子，我們無法客觀地爲事情貼上「好」或「壞」的標籤。對那個人來說是「不好的」事情，對別人而言卻是「好的」。也就是說，「好」或「壞」不過只是自己的看法。

跨出一步，擁抱「創造者」心態

「受害者」和「創造者」不同的地方，在於認爲自己擁有主導權，或者主導權在對方的手上。

「創造者」會詢問周遭的人意見，或是找人幫忙，但會自己做出最後的決定。「受害者」被對方的意見影響，有時還會把事情全部推給對方。

以生病爲例，如果是「受害者」，可能會完全信任並把決定權交給對方，表示「醫生你說什麼我都聽，所以請你把所有覺得好的方法都用在我身上。我相信你」，也就是全權交給專業人士處理。

這乍看之下或許正確，但是在那個瞬間，主導權全都交到了醫生手上，「受害者」自己無法掌控這件事。

相比起來，「創造者」最多只是把醫生的見解當作意見，再自己做出最終的判斷。「創造者」會自己調查治療方法，有不懂的地方就去請教醫生，自己決定哪種是最好的做法，自己去掌控這件事。

我有疑問的地方全部詢問過醫生並聽取說明，所以關於治療方面，我感覺都在自己的掌控範圍內。

人生是自己的。我想要自己握有主導權，那樣更能享受人生。因此，請你一定要學會「創造者心態」。

此外，不只是未來的人生，接受過去人生中所有的決定，全都是自己的選擇也很重要。在過往的人生中，你肯定也有做出痛苦或失敗的決定吧？

我回顧後，對育兒有無數的後悔和反省。

以前我會後悔、責怪自己，心想「我要是更怎麼樣就好了」、「我要是沒做那種事就好了」。

可是某次我意識到了一件事。

「當時，我已經做出了那時所能做的最好的選擇。」

我沒有辦法做得更好或更差，其他人也是一樣。

你也是如此。**你或許有後悔的事，但不代表你做出了錯誤的選擇，你只是盡了當下最大的努力去做而已。所以你不需要責怪自己，反而該大力誇獎自己。**

請你慰勞一下自己，告訴自己：「你很努力了！」

接著，讓我們邁出下一步。

只要稍微轉念，就能脫離膩煩三角

即使是看起來很積極，待在幸福三角世界的人，也不可能一年到頭都待在裡面，有時也會陷入膩煩三角的世界中。

重點在於比較常待在哪個世界。

對幸福三角頗有研究的我，有時也會掉進膩煩三角中，只是因爲我知道脫離的技巧，所以回到幸福三角的速度要比別人快。

我罹患癌症時，曾經在過去尋找原因，責怪他人和自己。

徹底深陷在「可憐的我」↕「惡劣的你」的膩煩三角世界。

不過，我睡了兩天後，在第三天下定決心要把注意力放在「爲了痊癒，有什麼是我可以做的」上，於是我回到幸福三角的世界，變成了「創造者」。

我和丈夫吵架時，曾覺得：「唉，都怪這個人，害我這麼辛苦……」

那時我是身處在膩煩三角世界的「受害者」，丈夫則是「迫害者」。但在那之後，我產生了以下的想法。

「不過，正因爲有這樣的丈夫，我才會去學心理學，想要改善人際關係。我能有所成長，說不定是託丈夫的福。」

我在那個瞬間回到了幸福三角的世界。丈夫從「迫害者」變成「挑戰者」，我從「受害者」變成了「創造者」。

我以前也曾有過「唉——受不了，這孩子沒有我就不行」的想法，瞬間進入了膩煩三角的世界。

但後來我把想法改成「孩子擁有能夠自己好好克服的能力，我要相信這一點」，說服我自己。用詢問代替斥責，問孩子「你想要怎麼做」，告訴孩子他的「優勢」。在那個瞬間，我回到了幸福三角的世界，作爲「拯救者」的我變成了「教練」。

就像前面的案例，每個人都會在兩個世界之間往返。只是待在幸福三角世界的時間比較長的人，通常有兩點不太一樣。

- 陷入膩煩三角時，能夠察覺到自己在裡面。
- 知道回去幸福三角的方法。

打開「創造者開關」的方法，會在下一節詳細介紹。

或許也會有很快又退回到「受害者心態」的情況。不過，不用擔心。只要察覺到「啊，我又在膩煩三角裡了」，回去幸福三角的世界即可。如果你待在幸福三角的總時間很長，那就太棒了。

把膩煩三角逆轉成幸福三角的方法有很多，要完整學完，需要花費很多時間。在我的「正向心理學指導講座」，需要花6個月的時間學習。

由於內容實在太多，在本書中我會介紹幾個任何人都能從今天開始實踐，容易見效的方法。

當你察覺到自己陷入膩煩三角，變成「受害者心態」時，首先要做的第一件事就是**「決定自己想怎麼生活」**。

圖10　學會如何切換

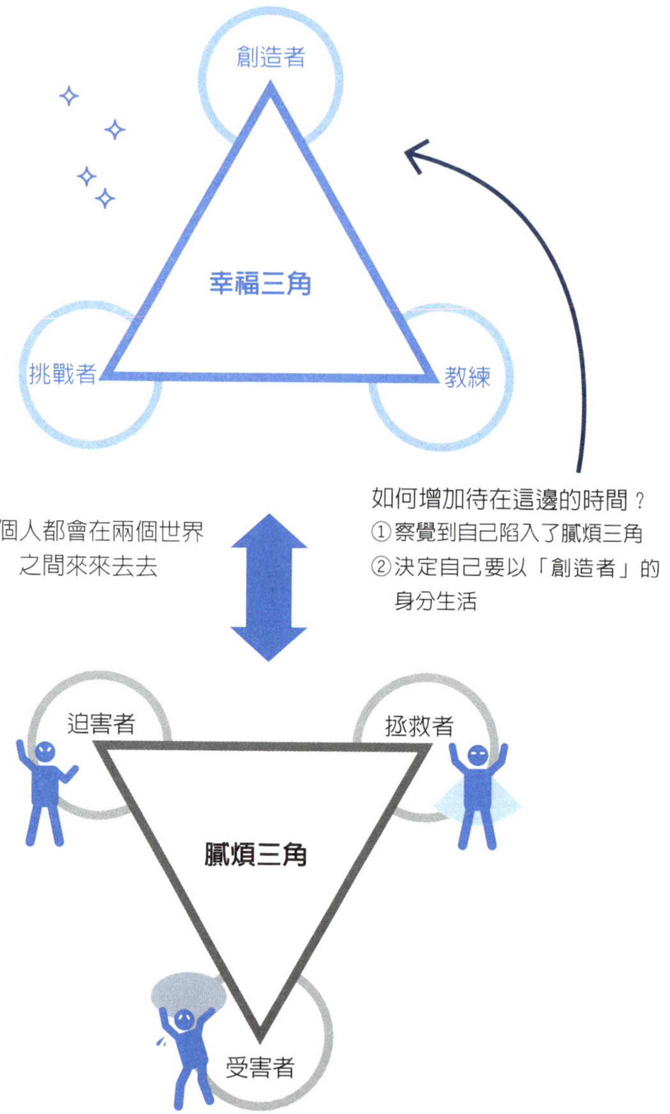
創造者
幸福三角
挑戰者
教練
如何增加待在這邊的時間？
①察覺到自己陷入了膩煩三角
②決定自己要以「創造者」的身分生活
每個人都會在兩個世界之間來來去去
迫害者
拯救者
膩煩三角
受害者

請做好「我不是『受害者』，我從此要以『創造者』的身分生活」的覺悟。一切就從這裡開始。

來吧，你準備好了嗎？

你將從這一刻起，變成「創造者」。

釐清自己想要什麼，領先一步

想像理想的未來

既然決定要成為「創造者」，接下來很重要的事情是**釐清理想的狀態**。「受害者」與「創造者」最大的不同，在於關注的焦點不一樣。**「受害者」在想的是「我不想要什麼」，「創造者」想的是「我想要什麼」。**

讓我們從現在起，改變關注的焦點吧。最容易打開「創造者開關」的做法，是去想像「自己理想的狀態」。

你成為怎樣的自己，是最好的狀態？這種時候不需要擔心「如果沒辦法實現的話該怎麼辦」、「這想也知道是不可能的事」、「被別人聽到會很難為情」等，真的不用擔心被別人知道。

所以你有多遠大的夢想，或是多大膽的理想都沒關係，反之，就算是再微小的事情也可以。

請你假設願望全部實現的狀況，並隨心所欲地思考，理想的模樣應該會在你腦海中清晰地浮現。

比方5年後，你在過怎樣的生活？

請連細節都要想像，例如：「我在哪個國家，住在什麼樣的房子裡？我穿著什麼樣的衣服，留怎樣的髮型？我去哪裡購物？我從事什麼樣的工作？那時我的家庭變得如何？我放假的時候在做什麼？我的興趣是什麼？」

要訣是不被時間和金錢束縛，無拘無束地想像。

- 如果一切都進行得很順利？
- 假如你知道絕對不會失敗？
- 如果沒有金錢和時間的限制？
- 假如你的手上有幾千萬？

以上的假設都會很有幫助。

此外，你要是在雜誌上看到覺得「眞想變成這樣」，也就是令你憧憬的穿搭風格，請務必把它剪下來，貼在筆記本上。在街上看到喜歡的風景，覺得「好想住在這樣的房子」、「好想要自己經營這樣的咖啡廳」時，請拍成照片收集起來。

想像會因爲視覺化而變得更加具體。

請切記要把它們放在看得到的地方。

大腦無法區分「妄想」與「現實」，你描繪的夢想也會被視爲現實。彷彿理想眞的實現的錯覺，會使大腦分泌讓人感到幸福的荷爾蒙。

不僅如此，透過想像最好的自己，大腦會自然而然地反過來推算「如果要達到那個目標，現在該做什麼」，**時間就是從未來流過來的。**

在這個階段，能夠實現或不能實現不是問題，你也不需要擔心自己是否擁有實現所需的技巧或經歷。**在你反覆思考「最好的自己」的過程中，大腦會判定「最好的自己＝真實的自己」，讓你認為「最好的自己真的會實現」。**

你將自然地產生自信，內心湧現朝最好的自己靠近所需的能量，促使你採取行動。這個過程具有超越技巧和經歷的力量。

說出理想的未來

這也許有點困難，但釐清理想的未來後，請你一定要說出口，把它公諸於世。

有的人會說「願望說出口就不會實現」，但我認爲「願望就是要說出口才會實現」。

「我好想出書。」

「希望年營業額可以達到一億元。」

「我想要製作正向心理學的牌卡。」

我的這些願望只是放在自己心裡的時候，完全沒有實現，然而我說出口後，卻立刻實現了。

不需要有「因爲我當著大家的面說出來了，所以不能不實現」的壓力，成爲「創造者」後，世界會成爲你的夥伴，你將自然靠近想要的未來。

請你務必提起勇氣告訴別人，把想法分享出去。

領先理想的未來一步

如果你描繪出了理想的未來，請用像是它已經實現的方式採取行動。

也就是「領先理想一步」。

我每次看到那些在新冠疫情期間，自由地去世界各地旅行的人，都感到心癢難耐。我也好想這麼做。那種蠢蠢欲動的感覺背後，就隱藏著自己真正想要做的事。

於是我決定了：「好，明年我也要去世界各地旅行，而且還要搭乘商務艙去！」

實際上，我當時在經濟和時間方面都沒有餘裕，但在我具體地思考「我要去哪兒、什麼時候去、選哪家航空公司」的過程中，想起我有以前家裡四個人存下的里程，而且還奇蹟般地騰出空檔，也成功訂到了機票，後來我真的達成了坐商務艙去旅行的心願。

在那之後，我的工作進行得非常順利，不論是金錢還是時間上都有了餘裕，計畫如預期進行，我擁有了能搭乘商務艙去旅行的環境。

最終，到我開始治療癌症的14個月間，包含夏威夷、巴黎、杜拜，我實際去了10個國家、37個城市旅行。

像這樣**描繪自己的理想，從做得到的事情做起，領先一步取得夢想的碎片後，現實世界將從此漸漸地變好。**這不只是我，是任何人都能做到的事。

如果你希望「我想要變得會說英文！」，可以從找到願意陪你練習口說的母語人士下手。

如果你希望「我想要住在比現在更大的房子，過著被自己喜歡的東西圍繞的生活！」，可以先購買在理想的房子裡使用的杯子，一邊用光是拿在手上就會覺得開心的杯子喝飲料，一邊仔細想像未來的自己手上拿著那個杯子，住在更大的房子裡的模樣。

如果你發現了一個「有點貴到買不起……可是好想要」的名牌包包，請你先買同一個牌子、和你想要的包包使用相同材質做成的小物件，例如票卡夾之類的。不久之後，你也買得起包包的現實將會到來。

這個階段的重點，在於不要拚盡全力努力地朝理想邁進。
你不需要克制自己或忍耐，也不需要艱辛地奮鬥。
你只需要仔細地描繪理想的未來，稍微領先那個未來一步。

當你關注「擁有的東西」勝於關注「沒有的東西」時

如果是受害者心態，往往會忍不住關注「沒有」的東西。說出「我沒有錢、我沒有運氣、我沒有認識人的機會、我沒有才華、我不會讀書、我沒有父母的支持」，認爲「會那樣都要怪○○」，把錯推給某人或某事。

從今以後，讓我們稍微改變視角，**關注「我現在擁有的東西」。不是關注「沒有的」，而是關注「擁有的」**，你可以從小地方開始做起。

「我有房子住。」

「我有家人。」

「我有無話不談的朋友。」

你或許會覺得有房子住是理所當然的事，但世界上非常多人沒有固定居住的房子。住在能夠遮風避雨的房子裡，是件非常令人感激的事情。

另外，你也可以**想想感謝的事情，以及值得慶幸的事情。**

「受害者心態」的人的大腦，傾向優先搜索不好的事、討厭的事等負面的事物。以後請你進行切換，變成**有意識地搜索好的事、開心的事等正面的事物。**

一談到未來的理想，不少人會說「我光眼前的事就很忙了，沒辦法想像理想的未來」、「我無法想像怎樣的未來比較好」。

這種時候，請你用心找出「現在擁有的東西」。

要從「現在的我少了那個，這個也不夠好」的匱乏感想像未來，是相當困難的事，即使想像了，也會是難以實現的未來，因爲振動頻率相差太多。

因此找出現在擁有的東西很重要。

調整想要的東西與自己之間的頻率，讓自己進入與它同頻的狀態吧。

試著寫出三件覺得「太好了」的事情

請你在每天晚上睡覺前，寫出三件今天發生的好事，或是讓你感到「太棒了！」、「好開心！」的事。

- 開車時一路都是綠燈
- 感覺今天的皮膚狀況很好
- 在便利商店買到想買的東西，而且是最後一個
- 被主管誇獎了
- 晚餐煮得很好吃

「受害者心態」的人常會有「我的人生老是發生壞事」、「你看，我遇到這麼糟糕的事」、「又發生這種討厭的事了」的想法。

由於他們有用負面濾鏡看待事物的習慣，這個方法可以改變他們的觀點。

「可是，如果一件好事都沒有的話，該怎麼辦？」

我曾經被問過這樣的問題。

這種時候，**請去尋找不是最好，但有比較好的事情。**

像是會讓你覺得「稍微好一點的事」、「還不錯的事」、「如果再發生一

次也可以接受的事」。

「妝的服貼度好像比昨天好一些。」

「天氣稍微變得比昨天溫暖，感覺很舒適。」

「昨天是雨天，但今天雨停了，有比較好一點。」

這個練習的目的是讓大腦找出好事，開始進行搜索。

切換一直搜索壞事的大腦模式。

當你持續做這件事，將會自然而然地明白「現在擁有的東西」，變得能夠想像「我想做更多這樣的事」、「我想要變成這樣」等存在於未來的事物。

接納負面情緒

「受害者」想要變成「創造者」，必須做的其中一件事就是**「接納自己的負面情緒」**。不要對負面情緒做出不好的評價，而是直接接納它。

有的人認爲「不可以有負面的情緒」。

在不知不覺中理解成「正面是好的，負面是不好的」。

所以當他們想到負面的事情時，會覺得「沒有那種事」、「我才沒有負面心情」，否認負面情緒的存在，想盡辦法要消除負面情緒。

你或許覺得「有負面想法的我真是糟糕」，但負面情緒其實不是什麼壞事。

讓人變負面的事情，實際上都有它的意義。

- **因為感到害怕或不安，所以危機管理能力會提升，讓人可以避免遭遇大麻煩。**
- **讓人在悲傷的時候，能夠停下來思考。**

憤怒有時也會變成行動力。反省「這樣是不行的」，會讓人回歸初心，或是變得謙虛。了解負面情緒的人，對人比較溫柔。

所以**當你的情緒變得負面時，請不要責備自己，而是好好地去感受「啊，我現在有負面情緒呢」。**

如果你能接納負面情緒，接下來請你「自我關懷」（self-compassion）。自我關懷的意思是**體貼自己**，就像你體貼重要的人那樣去體貼自己。

首先，你要直接接納負面的情緒，用「每個人都會有負面情緒，所以才與他人產生了連結」的方式去看待。沒有永遠正向的人。

接著，請你把對象設定成自己，思考：「要做什麼才能自己打起精神？」、「對自己說什麼話，他才會開心？」、「什麼樣的事情，會讓自己想要再努力一下？」把答案統統寫下來。

然後請你從裡面選出幾個答案，對自己做出體貼的行爲。

關注「優勢」，而不是「弱點」！

「弱點」必與「優勢」相伴而生

「受害者」與「創造者」的不同，在於認爲「我一堆弱點，沒有好的地方」，或是認爲「我有優勢，有辦法跨越課題」。

換句話說，發現「優勢」可以說是成爲「創造者」的捷徑，請你一定要找出自己的「優勢」。

我們似乎不太擅長發現自己的「優勢」，會這樣也是因爲傳統文化教育的主流，是找出不夠好的地方進行強化的「差距取向」。

「如果是問我有什麼缺點，我知道有很多，但不知道自己的優勢」，應該也有這樣的人吧。

這種時候，**請使用「重新架構」（Reframing）這個方法。這是一種拆除看待事物的框架（Frame），再把它套進其他框架的做法。**

只要稍微改變角度，乍看之下感覺不好的特徵，也會變成「優勢」。

- 頑固、不懂得變通 → 意志堅定、有主見、不易動搖、貫徹始終
- 與眾不同 → 有創造力、有自己的信念
- 優柔寡斷 → 可以靈活應對、臨機應變
- 靜不下來 → 好奇心旺盛

即使是在負面濾鏡下看起來不好的地方或弱點，經過重新建構後，全都變成了討人喜歡的特質。

這麼做之後仍然想不到自己「優勢」的時候，也可以去詢問別人。自己認爲是理所當然而沒有看見的部分，實際上是「寶藏」的情況非常多。

製作可以立刻看出「優勢」的圖表

找到自己的「優勢」不是一件簡單的事，如果你有時間，請做做看「性格優勢測驗」*。

這是正向心理學的研究者以科學數據爲基礎設計出來的，他們調查了在社會上受到重視的價值觀，並挑選出在每個文化中都同樣受到尊敬的24種性格「優勢」。回答完問題後，你就會知道自己的「優勢」在哪裡。

我的創造力、洞察力、好奇心、仁慈等較爲突出，我以前不覺得自己創造力強，所以很驚訝。在這之後，我有意識地發揮創造力，積極地去做「舉辦講座」等具有創造性的工作，然後盡量把其他工作外包出去，我開始感受到了工作的成就感，事業版圖也逐漸擴大。

---

*編註：網路上可搜尋到免費或付費的VIA性格優勢測驗，請依個人情況選擇利用。

圖11　利用「性格優勢測驗」製作人生圖表

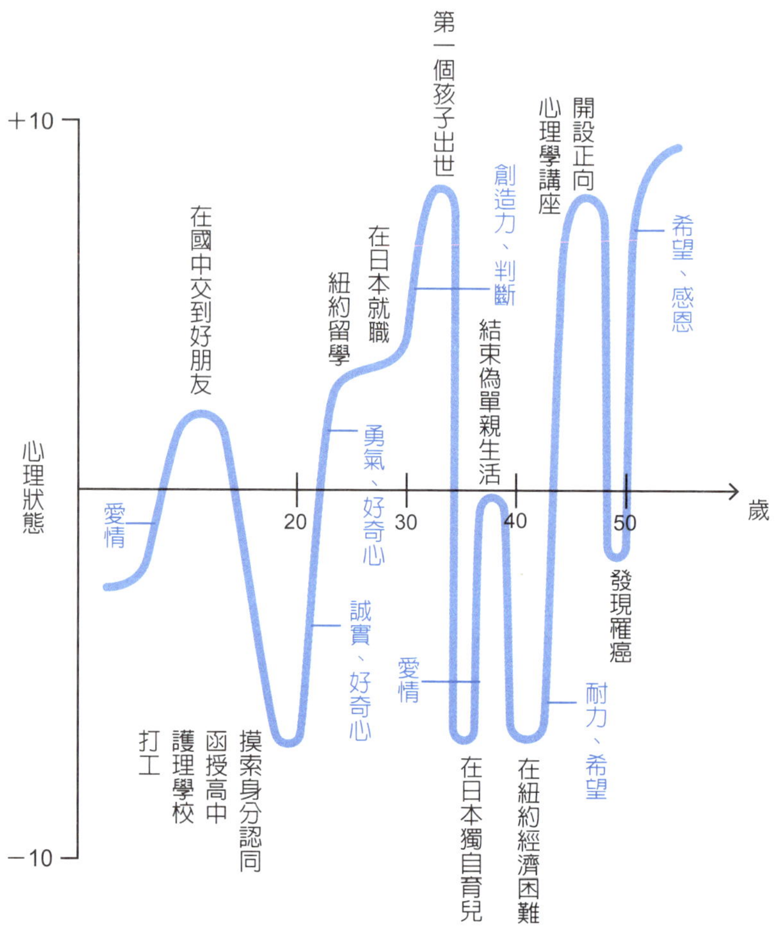

如圖11所示，運用自己的「優勢」，不僅能提高生產力，與人的關係也會變好，更重要的是你會感到幸福。這是我希望「創造者」收藏的工具，請一定要寫出你最強的七個「優勢」。

圖11是使用「性格優勢測驗」製作出來的「人生圖表」範例。橫軸是出生之後的時間，縱軸是那時的幸福度。

請你也試著製作出在心情好、開心（過去的成功）等正面情緒時線條往上，在難過、痛苦（過去的逆境）等負面情緒爲主時線條往下的圖表。

首先是高峰的部分，請思考那時爲什麼會很順遂，你是如何運用了哪些「優勢」。接著是低谷的部分，請思考你爲什麼能夠克服艱苦的困境，是如何運用了哪些「優勢」。

遇到逆境時，克服逆境所需的「優勢」將有所成長，24種「優勢」一直都在你的身上，它們會在必要時成爲你的力量。

刻意去想事情的正面

過去無法改變，但可以改變過去的意義

我一再強調，**世界上所有的事情，全都會因為「看法」而改變。**

舉例來說，當在工作上犯錯，被主管罵時，有的人會覺得「嗚哇，被主管罵了。今天是糟糕的一天，運氣眞差」，也有人會覺得「我雖然失誤了，但沒有釀成大錯，眞是太好了。我要把犯錯當作寶貴的經驗，明天好好地活用它」。

兩種人遇到的都是一樣的事，但看法會讓他們往後的未來變得不一樣。我在大學工作時，某位祕書室的員工有點愛刁難人，我吃了不少的苦頭，心想「討厭，為什麼每次都是我遇到這種事」。

如果用膩煩三角來說明，我就是「受害者」，祕書室的員工則是「迫害

者」。

不過，現在回想起來，正是因爲有那個人，我才會下定決心辭掉大學的工作，然後現在過著比在大學工作時更加幸福的日子。所以那個人也是逼我做出重大決定，讓我成長的人。

我罹患癌症的時候也是。

如果我只往負面想，覺得「爲什麼我得遭受這些」、「要是我沒生病，就可以做很多事情了」，這時我是「受害者」，疾病則是「迫害者」。

可是，也可以說我是因爲生病，才了解家人和朋友有多珍貴。大家擔心我，來探望我，還帶了吃的來給我。

我再次體會到「原來我的身邊有這麼爲我著想的人」。

我眞心覺得，還好我得了癌症。

當我們陷入不好的情況時，有時會讓我們看見自己真正想做的事，以及想要珍惜哪些事物的優先順序，同時也讓我們再次體會到健康和身邊的人有

多麼珍貴。當你這麼想時，就可以脫離膩煩三角。

我從「都是疾病的錯」這種負面的情緒，轉變成「託疾病的福」這種正向的情緒。只要你能從「託……的福」的角度去解讀，一切都會變得有利於你，這件事將被賦予意義。

請你運用把「迫害者」轉換成有那個人（或發生那件事）眞是太好了的觀點，寫出過去你覺得負面的事件。

這是一種叫作「找到正向意義」（Benefit Finding）的技巧。

在某項調查中，發現使用找到正向意義技巧的人，較不容易患有PTSD（創傷後壓力症候群）。

比如他們調查了在經歷過非常痛苦的經驗，例如差點因爲心臟病發作死亡等之後，患有PTSD和沒有PTSD的人的差異。

能夠在較早的階段發現任何好事，認爲「多虧心臟病發作，我才遇到這麼好的事情」的人，不會因爲心臟病發作而受到心理創傷，復發率和死亡率也比較低。

不論是新冠疫情、夫妻失和、與孩子起衝突、婆媳問題，還是與媽媽友之間的問題，請務必刻意從「可是，假如有該慶幸發生了那件事的情況呢？」、「我的人生並非總是發生壞事」、「其實，說不定也有好事」的角度去解讀那些事。

這樣的思考模式，對於從「受害者」變成「創造者」來說，是非常好用的方法。例如，新冠疫情造成很多討厭的狀況對吧？請你刻意想想有哪些事情，會讓人覺得這是件好事。

- 不需要參加沒興趣的聚會
- 遠端工作被合理化
- 不用每天早上搭乘擠滿人的電車，眞是太好了
- 不需要每天煩惱要穿什麼
- 不再外食，活動也取消了，不會花到錢

就像這樣，把你想到的那些爲自己或周遭，還有爲世界或社會帶來幸福成

長的事情，一個接著一個寫下來。

時間是從「未來」流過來的

我們認爲時間是從過去流向現在，再從現在流向未來。可是，實際上**時間是從未來流向現在。**

一旦發生了不好的事情，我們通常會忍不住回溯過去尋找原因。請你從**「現在發生的事情，都是因為更好的未來有需要，所以才會發生」**的角度思考看看。

只要採用這樣的觀點，當事情發生的時候，你就能積極地去想：「這件事是要替未來帶來什麼樣的幫助？」

我被告知罹患癌症的時候，是這樣想的：

「現在雖然還不明白，但相信等我克服的時候，未來一定能夠感謝這件事，覺得『都是託癌症的福，才發生了這麼美好的事』。」

我思考想要從「這件事」學習到什麼，自己做出了決定。

有一種吸引力法則叫做「心想事成」，但我反而覺得是**自己被未來吸引，而不是自己吸引未來。**

你越是看著自己現有的東西去感謝，想像「我想要成爲怎樣的人」、「我的理想是什麼」、「我想去哪裡」、「這個問題該怎麼解決會比較好」，你就越被想像到的未來吸引。如果用靈性的說法，也可以說是「頻率相同」。

環境也可以讓人變成「創造者」

前面我介紹了讓自己的心態變成「創造者」的切換法，其實就算自己不採取行動，有時也會因爲環境改變，而從「受害者」變成「創造者」。

舉例來說，我小時候常被說是「奇怪的小孩」、「有問題的小孩」。

大概是因爲我不符合社會上「和大家一樣」的價值觀吧。

和其他孩子做出不同行爲的小孩，會被貼上「特立獨行」的標籤，我自己也明白這一點，所以會覺得「我是有問題的」。

但我去了紐約後，即使做出同樣的事情，大家卻誇獎我：「你好厲害！」我什麼都沒有改變，卻因爲換到了認爲有自己的意見是「優勢」的環境，而變得會受到誇獎。

這也讓我開始覺得「我繼續保持這樣就好了」，成功地從「受害者心態」轉變成「創造者心態」。

假如現在的狀況陷入僵局，或是不管你做什麼，情況都沒有改變的時候，乾脆換個環境也是一個方法。

退回「受害者心態」也不用擔心

前面介紹了各種轉變成「創造者心態」的方法，但過去一直停留在「受害者心態」的人，如果要切換成「創造者心態」，可能需要花上一些時間。

有時候你明明已經切換好，卻又倒退回之前的狀態。

這種時候不需要責備自己「我果然做不到，這是不可能的事」，或是感到沮喪。

我們畢竟是人類，難免會突然失常，只要重新來過就好。

也許有的人會埋怨「又要回到起點了」，但其實沒有這個必要。從側面來看，你就像在畫螺旋一樣，正慢慢地往上攀升。

當你覺得進行得不順利，請回想起前面介紹過的，打開「創造者開關」的

方法，至少選擇一項進行。（可參考191頁）

試著回顧：「說起來，我想變成怎樣的人？」、「我想要什麼？」、「我的優勢是什麼？」、「哪些是我反而覺得很好的事？」

在重複這麼做的過程中，你將漸漸變得更能夠切換成「創造者心態」。

第 6 章

從「拯救者」變成「教練」！

「拯救者」可以重生變成「教練」

不少陷入煩惱的人常常在「拯救者」和「受害者」之間來回切換。他們想著「我必須努力！」，拚命地去做，卻不知道爲什麼沒看到成果。容易爲「我都這麼努力了，但就是進展得不順利……」而煩惱，或是被無力感淹沒、感到憤怒。

在這個章節，我將介紹用來擺脫這種狀況，讓對方和自己都過得開心的方法。

自己不停地幫助別人，反倒奪走了對方的力量。也就是說，當自己很努力，卻沒有帶給對方想像中的成果時，你很可能深陷在膩煩三角中。你正在當「拯救者」。

正是在這樣的情況下，你更要有意識地轉變成「教練」。

變成教練有兩個步驟。

①自己先成為「創造者」，變成幸福三角的一員。

在幫助他人之前，請先從滿足自己開始。

②面對「受害者」，要以「教練」的身分互動，而不是作為「拯救者」。

不是讓對方繼續當「受害者」，而要協助對方變成「創造者」。

那麼，具體來說要怎麼做呢？下一節將進行詳細的說明。

第一步是從滿足自己開始

先讓自己過得幸福

煩惱的時候，假如你把自己的立場套入膩煩三角，認爲「我現在成爲了『拯救者』」，請你一定要去滿足自己。這是最重要的事。

容易成爲「拯救者」的人，通常是在沒有意識到的情況下，想要透過幫助某人來獲得幸福。你要停止那個行爲，去做讓自己感到愉快，或是喜歡的事情，創造幸福感，並且滿足自己。

如果你不知道該做什麼才好，以下幾件事應該可以爲你帶來靈感。

①休息，放下討厭的事

「拯救者」很常把自己搞得筋疲力竭，或許是因爲「拯救者」花太多心力在照顧別人，在不知不覺中耗盡了力氣。我們先從讓身體休息開始。

接著，請你慢慢放下那些忍耐已久的事物，把自己當成最好的朋友，思考怎麼做對他才是最好的。

放長假休息，比獲取收入還能讓人得到更高的幸福感；如果把討厭的家事外包，據說幸福感提高的程度，就跟薪水調升至1萬8千美元（約54萬台幣）一樣高。

讓我們不帶罪惡感地讓身體休息，放下不擅長或討厭的事吧。

②滿足五感

在滿足自己時，最快速的方法是滿足五感。不用想得太複雜，請試著做一些滿足五感的事情。

聽覺：一邊做家事，一邊聽喜歡的音樂。

嗅覺：睡覺或放鬆時，讓環境瀰漫著喜歡的香氣。

視覺：用眼睛欣賞美麗的事物。用喜歡的花或藝術品裝飾房間，或是蒐集整套喜歡的餐具。

味覺：盡情享用當季的美味食物，或是自己喜歡吃的東西。

觸覺：換上摸起來很舒服的床單、去按摩等，做些會帶來良好觸覺感受的事。

③重新發現自己的「愛好」

慢跑、網球、高爾夫等運動，以及烹飪和興趣、學習之類的事物，人只要沉浸在其中，就會忘記時間。和要好的朋友聊天，回過神來才發覺「啊，已經這麼晚了！」，也是同樣的概念。

心理學稱這樣的體驗爲「心流體驗」。據說進入心流體驗的狀態越多，人越能過上積極有活力的生活。

請你一定要找到能帶來心流體驗的事物，增加自己做了某件事後，感到心情雀躍的時間，而非是因爲幫助了別人。

人的幸福相較於遺傳或環境，更受到「今天要做什麼事」所影響，每一次都選擇「自己樂在其中的事情」、「會讓自己感到開心的事」，才是通往幸福的捷徑。

這在心理學用語中稱爲「正向優先」。

讓我們先去做現在有興趣的事情吧。或者我也很推薦回想過去讓你樂在其中的事情，再去做一遍那些事。

打開「創造者開關」

在幸福三角中，「教練」本身也必須是「創造者」。請把我在前一章解釋過的「創造者開關」打開。

- 想像、說出、領先理想的未來
- 寫出三件好事
- 看見現在「擁有的東西」
- 了解自己的「優勢」並運用
- 找到正向意義

照顧自己比照顧別人重要，這對容易成爲「拯救者」的人來說很重要。

自我犧牲只會掉入「拯救者」與膩煩三角的世界。

把對方視為「創造者」

你要相信對方是「創造者」

你把對方當作「軟弱的人」、「沒有我就不行的人」的時候，對方絕對不會有所改變。

請先從相信對方是以下這樣的人開始做起。

- **可以靠自己克服難關的人**
- **能夠自由自在地打造自己人生的「創造者」**

在教育心理學中，有一種現象稱爲「畢馬龍效應」（Pygmalion Effect）。

1964年，美國舊金山的一所小學舉辦了「哈佛式突發性學習能力預測測驗」（實際上只是普通的測驗）。

測驗結束後，與測驗成績無關，研究人員把隨機被選到的孩子名單交給班導師，並告訴班導師「他們是ＩＱ比較高的學生，以後成績應該會進步」。不久之後，學生們的成績眞的變好了。

學生們成績變好的理由，是因爲班導師帶著「這些孩子ＩＱ比較高，所以成績會進步」的期待與他們相處。

人會在無意識的情況下，扮演他人眼中的自己。

如同這個道理，當你用「你是『創造者』，你是可以靠自己克服難關的人」看待對方，對方也會依照你的看法產生變化。

而對方本人也會相信「我是可以開拓自己道路的創造者」。

太過雞婆是禁忌

「拯救者」經常做的其中一件事，就是把「受害者」的問題當作自己的問題。

「拯救者」太希望對方能夠幸福，往往忍不住預先設想。

例如「我要在這個人失敗前，做好預防準備」、「爲了不要讓他變得不幸，我要把會造成他不幸的可能性都盡早去除」。

可是這無非是在不知不覺中，侵占「受害者」人生的行爲，把自己的人生和「受害者」的人生混爲一談。

我希望你不要忘記，「受害者」的人生是「受害者」的，不是你的人生。問題進展得不順利時，困擾的是「受害者」，而不是你。

體驗令人困擾的結果，說不定對對方來說，其實會成爲不錯的經驗，又或是成長必經的道路。

對方遇到的課題，全都是對方成長所需的養分。不是你的課題，所以請不要奪走它們。

把對方視爲「創造者」，也可以說是精確地做出區分，用「他人是他人，自己是自己」的方式思考。換句話說，就是「課題分離」。

這在面對自己或他人遭遇到的問題時，也是一樣。不要什麼都主動介入，想要代替別人去解決問題。你覺得是爲了對方好，但不一定全都會爲對方帶來好處。

「把對方視為『創造者』」這件事，具體來說，就是「把對方視為擁有滿滿的優勢和資源的存在」。

問問對方已經「擁有的東西」

問對方「有發生什麼好事嗎？」

詢問「最近有發生什麼好事嗎？」（What's good?），**就是一個能夠讓對方變成「創造者」的良好契機。**

「受害者」覺得這個世界上一堆問題，老是發生不好的事情，所以你要刻意問他有沒有好事。

一開始時，「受害者」沒有思考好事的迴路，可能會驚訝或沉默，不過沒有關係，在你問的瞬間，思考好事的迴路就開始運作了。

我在輔導個案時也會使用這個方法。晤談結束後，我一定會說：「在你下次來之前，請找找看生活中有哪些好事，之後再來跟我分享。」此外，我也會說以下這段話：

「請找找看有哪些時候，沒有發生你今天告訴我的煩惱或問題。」

那個人下次來時，大多都會在我問「感覺怎麼樣」之前，自己先說了：

「我遇到了這樣的好事！」

而最神奇的地方，莫過於他們通常會忘記先前非常煩惱的問題。我問對方：「對了，你第一次談到的問題，後來怎麼樣了？」

幾乎所有人都會回答：「啊！（露出現在才想起來的表情），那個已經不是問題了。」

問題在個案找出好事、切換成搜索好事的大腦後，自然而然地解決了。

由於個案回家後，有時會退回原本的狀態，因此基於保險起見，我會請個案至少來三次，才讓晤談結案。可是，個案的煩惱多半在兩次後就消失了。

我雖然有說「如果有什麼狀況，請再過來」，但他們幾乎沒有再來。

只要像這樣切換成搜索好事的大腦，那個模式就會固定下來。

在大學，我會想讓學生盡快回歸日常生活，在這個階段結束晤談；但如果是在輔導個案，在這個階段之後才能處理眞正的主題（夢想或目標）。

如果要有變化，在討論煩惱或問題時，也可以詢問：「最近有這個問題處理得特別順利的時候嗎？」、「從你預約（輔導）到今天爲止，有發生什麼變化嗎？」、「從上次的講座到今天，有沒有什麼好事？」

這種讓對方聚焦於「擁有的東西」的問題，都能發揮作用。

為對方的好消息開心並感興趣

對方分享好事時，其實是改善「受害者」與「迫害者」之間關係的大好機會。

使用名為「主動建設性回應」（Active Constructive Response，ACR）的溝通技巧，關心對方的好消息，和對方一起感到開心，你與他人的關係將會大幅改善。

「受害者」認爲自己要是沒有問題，就不會有人看見自己，可是在持續進行ACR傾聽後，「受害者」發覺「我遇到好事，別人也不會離開我」，並且明白「原來也有會和我一起爲好事而開心的人」。

這樣一來，「受害者」將慢慢地改掉總是往壞處看的習慣。

某位參加講座的學生，曾和我分享這樣的故事：

F小姐每天都在爲照顧兩個孩子，以及工作努力奮鬥。她其實也想接受父母的幫助，但母親每次見到她都抱怨連連，一天到晚都在發牢騷，「附近的○○做了討厭的事」、「你爸爸眞的是很邋遢，他昨天也……」、「你爸爸的公司業績不好，眞的很傷腦筋」。

F小姐聽得很痛苦，變得不喜歡和母親見面。

即使母親偶爾來幫忙，也會抱怨「照顧孫子眞的好麻煩，我都沒有自己的時間了……」、「我養妳的時候，都沒有人幫忙我」、「現在養小孩有紙尿布之類方便的用品，輕鬆很多，眞好啊。以前那個年代……」、「妳絕對不要生第三個喔」。

F小姐最初因爲自己是受到幫助的那一方，不管被講了什麼，都沉默以對；但被產後的荷爾蒙失衡，以及不熟悉的育兒搞得心煩意亂之後，在某次實在感到忍無可忍。

F小姐大聲吼道：「不要說那種話好不好！我也是一個人在努力啊。養小孩哪有輕鬆的，拿過去和現在做比較，沒有意義不是嗎？他們是妳的孫子，妳不要一直抱怨，稍微疼愛他們一下吧！」

緊接著，母親反駁：「我把你們養到這麼大，有多辛苦妳知不知道？然後我還要照顧孫子，我爲什麼要被妳罵！」氣氛變得劍拔弩張。

F小姐忽然想起了往事。

「說起來，妳從以前就是一個會不停抱怨的人。反正妳也沒有打算要幫我。」

她感到既憤怒又難堪。

就在這個時候，F小姐遇見了正向心理學。

F小姐心想「我果然還是想和母親建立良好的關係」，決定先嘗試使用

「What's good?」和ＡＣＲ。

她見到母親時，都會問：「妳最近有遇到什麼好事嗎？隨時都可以傳ＬＩＮＥ跟我說喔。」

不久之後，隨著時間推移，母親變得會回傳ＬＩＮＥ告訴她：「今天發生了這樣的事……」

在這個過程中，Ｆ小姐得知母親非常喜歡韓國的演員。Ｆ小姐對韓國演員不感興趣，但她想要透過跟母親共享喜悅來建立良好的關係，於是她詢問母親：「妳喜歡這個演員的什麼地方？」或是聽母親說喜歡的演員主演新連續劇的消息，透過回應「太好了！」，和母親一起開心。

母親開始會跟她分享演員的照片，以及有趣的小故事。兩人的距離隨之拉近，關係獲得了改善。

母親在照顧孫子方面也變得積極。

她開始會跟Ｆ小姐說：「妳有事要忙的時候，我隨時都可以幫妳照顧。」

不再說諷刺的話，或表示嫌棄。

甚至還問她：「妳什麼時候要生第三個？」

前陣子，F小姐順利從其他地區來參加東京的午餐會，看起來十分開心。

「我現在隨時都可以拜託母親幫忙，變得能夠自由行動了。」

F小姐的母親過去是典型的「受害者」。

認為「我是因為社會或其他人的關係，導致我無法變得幸福」。

「受害者」有著老是去搜索自己沒有的東西的習慣。

此外，**「受害者」在潛意識中很害怕變得幸福之後，可能會失去與他人之間的連結。解決這個詛咒最強的方法，就是「What's good?」和ACR。**

這位母親也在F小姐積極地與她一起關注自己喜歡的事、好事的過程中，自然而然地養成了把注意力放在正面事情上的習慣。

最終她看見了育兒中「疼愛孫子可以看見F小姐開心表情」的積極面向，而不是「照顧孫子很麻煩很累」的消極面向。

不僅如此，她也體驗到「即使發生好事、自己變幸福，自己還是會被愛著」。

我每次在會議、講座、輔導的開頭，都會問：「What's good?」

然後解釋ＡＣＲ並請大家實踐。

光是這麼做，談話的氣氛就會變得很好。

陪伴對方「負面的部分」

面對負面情緒，要先同理

人生不會一直只有好事，也有令人難過的事。「拯救者」沒有辦法接受這一點。事實上，「拯救者」無法認同負面的情緒。

所以要是「受害者」有負面情緒，「拯救者」就會說「我一定想辦法替你解決那件事！」、「你那樣的想法不太好，你可以試著這樣想」，拚了命地想要幫「受害者」加油打氣，或是讓「受害者」變得積極正向。

有時「拯救者」也會說「那件事沒有那麼嚴重」，採取否定的態度。可是「受害者」在自己的情緒無法獲得認同時，爲了想讓對方了解那個負面的感受，就會變得更加負面。

例如當孩子說「我肚子餓了……」的時候，如果父母回答「你不是剛才吃過東西？應該不可能肚子餓啊」，孩子就會生氣，反而更激動地鬧脾氣說：「哪有，我肚子就是餓了。我肚子餓、肚子餓……」

假如父母在這時跟孩子說「這樣啊，你肚子餓了。我們等等早點吃飯，你再等一下喔」，孩子多半會很快地安靜下來。

另外，想要安慰因爲失戀而感到痛苦的人，告訴對方：「失戀有什麼好難過的，不但可以有新的邂逅，說不定還會遇見更好的人。以後多的是開心的事，所以你不會有問題的！」當事人大概會更沮喪地覺得：「不，我果然很痛苦，我一點也不好。」

對方在自己的情緒獲得理解之前，將在「受害者心態」裡越陷越深。所以請好好傾聽對方的負面情緒，回答「這樣啊，你很痛苦吧」、「你應該非常難受，很難熬對吧」，**展現出同理心。負面情緒因為被接納，而快速地從對方的心中流走。痛苦的事情獲得他人的理解後，「受害者心態」就會消退。**

在這之後，對方自然會開始思考：「那我接下來可以做什麼？」從此慢慢地進入「創造者心態」。

對方看起來很痛苦時，詢問「你為什麼願意這麼努力？」

對方失去重要的事物、犯下重大失誤、感到害怕或悲傷等情況，有時感覺只是同理對方還不夠。

這種時候，請嘗試名爲「因應問句」、「生存問句」的方法。

在說出「你那麼痛苦，卻還是來諮詢了」、「在這麼艱難的時候，你還是來學校了」後，問對方：**「你為什麼願意這麼努力？」**

這樣對方就能把注意力轉移到「擁有的」上面，例如「因爲有了解我的同伴」、「因爲這比最糟糕的狀況好多了」、「因爲我曾經挺過更難熬的時期」。

人在非常痛苦的時候，往往會往「自己什麼都沒有」的方向去想，你可以運用像這樣的小問題，讓對方能夠再次把力量拿回來。

找出對方的「優勢」並告訴他

「What's good?」與探究成功的責任

「教練」最大的角色功能，是讓對方發現自己的「優勢」。如果老是看著對方的「弱點」，就會變成「拯救者」，但看著對方的「優勢」，你將可以變成「教練」，非常簡單明瞭。

有一個技巧，能夠讓對方看見自己的「優勢」。那就是在詢問好事的**「What's good?」後面，接著詢問：「為什麼會發生那樣的好事？」、「是因為你做了什麼嗎？」**

我們在壞事發生的時候，總覺得：「事情爲什麼會變成這樣？」、「是我哪裡做錯了嗎？」尋找原因責備自己。

然而，好事發生的時候，卻不知道爲什麼常會用一句「太幸運了」作爲總結，不去探究事情的根源。

可是其實在順利的時候，**找出成功的因素是很重要的一件事。**

當你理解「原來是這樣啊，所以才會這麼順利！」，自我效能便有所提高，你下次再做同一件事情時，成功的可能性將會上升。

不過我們很少被問到「爲什麼會發生那樣的好事？」，對方被問到，肯定也會表示「？」吧。但這個問題，毫無疑問會成爲**讓對方思考成功原因的契機。**

所以請你一定要試著問出口。

以前我在大學實習的時候，某位職員正在爲「工作一直做不完，眞傷腦筋」而煩惱。

這個時候，我問他：「你最近工作有比較早完成的時候嗎？」想讓他把注意力放在「擁有的」上面，他給出了以下的回答：「這麼說來，我上禮拜五有準時把工作完成！」

我接著問：「你那天爲什麼會比較早完成？你做了什麼嗎？」他沉思了一

下後，這麼說道：「因為工作常常做不完，我去請教了之前做這份工作的人。然後他教了我更有效率的做法……。」

也就是說，這位職員透過請教之前做這份工作的人，成功讓工作的效率提升了。

「所以，你又遇到工作做不完的時候，就可以去請教之前做這份工作的人。」

我說完之後，他也認同這個說法，最後露出了非常開心的笑容。

這些就是如果沒有人問，便不會想到的成功因素。像這樣**引導出成功的因素，推薦對方「再做一次」先前做得很成功的事，也是「教練」的職責之一。**

找出對方的「優勢」並告訴他

「教練」找到對方的「優勢」後，請把「優勢」告訴對方。這是當事人

沒有察覺到的部分，對方知道之後，將會產生自信。

即使是身爲母親的我在看自己的女兒，有時也會覺得「她和其他的孩子不太一樣，有點與眾不同」。舉例來說，她會故意穿左右顏色不同的襪子。這種時候，我會告訴她：「妳很有創意呢。」替女兒貼上「優勢」的標籤。

以前發生過一件事。

女兒說：「我在學校和朋友吵架了……」

我很擔心，忍不住說出：「需要媽媽幫妳做什麼嗎？要我跟妳朋友的媽媽說嗎？」

但女兒態度堅決地說出了以下的回答：

「沒關係！因爲我很有創意，我自己可以處理。」

對啊！那個瞬間，我察覺到自己變成了「拯救者」。女兒是「創造者」而且很有創意，所以她可以靠自己解決她的問題。由於女兒對此有所自覺，我想起了自己的角色，決定什麼都不做，默默地守護她。

後來，聽說女兒請老師幫忙，跟老師說「我想和她談談，請妳在旁邊陪我」。

女兒說在老師的陪同之下，她和朋友慢慢地把話講開，最後成功和好了。她非常高興地告訴我這件事。

就如同這個案例，**在平時回饋對方有哪些「優勢」，那個人將會相信「我擁有這樣的優勢」，變得能夠靠自己解決問題。**

假如你想幫助成了「受害者」的人，請多告訴對方他的優點或「優勢」。比起代替對方解決問題，這帶給對方的助益更大。

以最大限度運用性格的「優勢」

在對方完成「性格優勢測驗」後，可以提出以下的問題，即能強化對方性格的「優勢」。

〈聚焦於現在的問題〉

- 看完性格「優勢」排名前7的結果，你有什麼感受？
- 你覺得哪一項「優勢」最符合自己？
- 如果你從明天起變得無法使用那項「優勢」，你有什麼樣的感覺？

〈聚焦於過去的問題〉

- 你過去都是怎麼使用那項「優勢」？
- 你在自己狀態最好的時候，使用了哪一項「優勢」？
- 你在自己的逆境中，使用了哪一項「優勢」？

〈聚焦於未來的問題〉

- 你往後想要怎麼使用那項「優勢」？
- 爲了你接下來的目標（或工作等），你要使用哪一項「優勢」、怎麼使用？
- 你要使用哪一項「優勢」、怎麼使用，藉此克服現在遇到的問題？

這些問題，也可以在沒有接受測驗的情況下使用。身爲「教練」的你，把從你的角度看到的優點告訴對方後，再來問前面的問題。透過詢問這些問題，原本是「受害者」的人應該會往成爲「創造者」邁進一大步。

傾聽對方的未來，一起描繪夢想

與其追究問題的原因，不如思考理想的未來

「拯救者」常常對「受害者」做的其中一件事，就是一起思考問題的原因。

「拯救者」聽到對方找他討論「我因爲這樣的事情而困擾」，就會在回顧過去的同時尋找原因。

這麼做不太有意義，問題是各式各樣的事情交織在一起所引發的，非常難鎖定原因。

而且就算知道原因，不僅不確定那是否爲眞正的原因，很多時候也無法去除那個原因。即使發覺父母教養孩子的方法不好，他們也沒辦法重新把孩子養育一遍。

像這樣**尋找過去造成問題的原因，對脫離膩煩三角來說沒有必要。重點不是尋找原因，而是一起思考理想的未來。**

這種時候最重要的是詢問「對方」想要怎麼做。

例如，當對方找「拯救者」討論「我和K先生關係不好，沒辦法好好相處」時，「拯救者」經常做出的行為，就是搶先做出自認是為對方好的事，想要先入為主、擅自讓事情往下發展。以前面的例子來說，「拯救者」往往會想要推動事情的進展，詢問：「那如果你想要和K先生關係變好，該怎麼做才好？」

然後想好目標，決定「這樣你一定會幸福」，自作主張提供支援讓事情往那個方向發展。

最重要的是先詢問對方：**「你想怎麼做？」**

以前面的狀況來說，就要問對方：「你想怎麼處理和K先生的關係？」

答案不是只有與K先生言歸於好、修復關係而已。

結束與K先生的關係，遠離K先生也是選項之一。對方也有可能想要那麼做，必須**讓當事人決定目標是什麼。**

「你覺得變成怎樣會比較好？」

「怎樣的狀態是理想狀態？」

「假如那個理想實現，你會有什麼樣的感覺？」

「如果那個問題解決了，你想怎麼做？」

「你想要過怎樣的人生？」

你的職責是**在向對方提問的同時，明確地引導出理想的狀態。**請你表現出興致勃勃且充滿期待的樣子，用像在看理想未來投射到電影銀幕上的方式，一邊對不夠完整的地方提出疑問，一邊和對方一起描繪未來。

促使對方做出往理想邁進的小行動

描繪好理想的目標後，接著問問對方其中有沒有什麼事情，是現在能盡量去做的。

作。」

在醫療機構以專業人員身分工作的M小姐說：「我非常討厭現在的工

我問她：「那妳覺得做怎樣的工作比較好呢？」她沉默以對。

我繼續問：「如果不管妳想做什麼都能實現，妳覺得怎樣是最好的？」她沉默許久後，說出：「我想做編輯的工作。」

M小姐過去都是從事她花費時間、金錢、精力所取得的醫療專業工作，沒想到她正在考慮做完全不同類型的職業。我壓根沒想到是這樣，因此非常驚訝。

問了之後，原來M小姐從以前就很喜歡書，大學時代還在出版社實習過。她也因此獲得認可，拿到了成爲正式員工的邀請，但她當時覺得「不可以把喜歡的事情當作職業」，所以拒絕了邀約，決定去學現在做的專業工作。

可是M小姐忘不了那時的快樂，想成爲編輯的夢想再次點燃。

「妳目前做起來最樂在其中的事情是什麼？」

「在網頁上介紹那些從事專業工作的人的故事。」

M小姐大學時喜歡的事，還有在出版社收到成爲正式員工的邀請，以及現在喜歡的工作內容，都是寫文章介紹人。

這些全是她的「優勢」和感到開心的事。

因此，我決定和M小姐一起思考，有什麼是她可以做到的事。她打算之後去和實際在做那份工作的編輯見面聊聊。

M小姐朝著成爲編輯的目標努力，開始調查編輯的工作。很快的，她正好看到喜歡的出版社正在徵才。M小姐心想「這或許是某種緣分」，於是前去應徵。後來她居然被錄取了！她在與編輯見面聊聊之前，先得到了編輯的工作。

如果那時身為「教練」的我，只是同情地表示「工作很辛苦吧，真是可憐」，就不會有這樣的進展了。

和對方一起思考「怎樣是最好的」，想像理想的未來，促使對方為此採取做得到的小行動，造就了M小姐的變化。這才是身為「教練」該有的角色功能。

追蹤對方採取行動後的結果

「教練」最後能做的事情，就是要對對方說的「我要去嘗試」的小行動的結果保持興趣。

「你什麼時候要執行？」

「如果事情進行得不順利，你可以換成做什麼事？」

「下次見面時，可以跟我說說結果嗎？」

請給予像這樣的回覆。

問這些問題也叫作「問責」，意思是有人在注意自己的行動。有了問責，目標達成的可能性會提升好幾倍。

所以你若是有想要幫助的朋友、家人、客戶，下次見到面時，請坦率地表現出興趣，問他們：「對了，那件事後來怎樣了？」

假如對方這時沒那麼有動力，應該也會產生幹勁，覺得「我再努力一下好了」。

「拯救者」不需要犧牲自己的人生

最後，我有一件事一定要說。

那就是**「拯救者」不是非得幫助「受害者」不可。**

容易成為「拯救者」的人，很多是非常認眞又親切，眞心希望大家幸福的人。所以他們常常就算犧牲自己，也想要為了對方而努力。讓別人變得幸福，成了他們活著的目的。

有句話叫作「滅私奉公」，其中也有把自己放在一旁，去做為對方好的事情之意。

可是這個想法本身就是膩煩三角。

你活著的眞正目的，是要讓自己感到幸福。

所以請以追求這件事為第一優先。

別人的事則是其次。

這樣的說法或許很殘酷，但你不一定要幫助「受害者」變成「創造者」，那不是你活著的目的。

因此，**還有另一個方法，**就是你不用移動到幸福三角，而是**離開膩煩三角的舞台。**

具體來說，如果是親子關係，就切斷與雙親或孩子的緣分。如果是夫婦，離婚也是可行的。婆媳之間的緣分亦能斬斷，也可以不再和朋友見面。

話雖如此，不做到那個程度，你也能夠離開膩煩三角的舞台。

舉例來說，我家的角色分工是丈夫會凶孩子，我負責保護孩子。

在這個情況下，丈夫是「迫害者」，孩子是「受害者」，我是「拯救者」。

可是，我決定不再當「拯救者」了。

即使丈夫對孩子發怒，我也下定決心不護著孩子，完全不介入他們。

某天，丈夫狠狠罵了女兒一頓。平常在這時候我都會伸出援手，但這天我什麼都沒做，默默地忍耐。

沒多久，女兒回去自己的房間，砰地用力關起房門。在這之後，丈夫對我說了以下這句話。

「Don't you do anything?」（妳不做點什麼嗎？）

丈夫期待我以「拯救者」的身分介入。

他可能是希望我關注他。

這就是被稱爲「共依存」的關係。

但那不是我人生的職責。

我是帶著「你的人生是你的，所以你要自己讓自己幸福」的想法，做出了**什麼都不做**的決定。

我這麼做之後，丈夫罵孩子的次數明顯減少了。

換句話說，拯救某人不是你的使命。

當然，如果你在感到幸福後還有餘力，也可以選擇協助「受害者」變成「創造者」。

能夠對他人做出貢獻，讓自己或對方變得更幸福，是件很棒的事。

不過這並非你必須做的事。

從「拯救者」變成「教練」，你完全不需要被幫助「受害者」的使命感或責任感壓垮。

請千萬記得，爲了讓自己的人生充滿幸福，也有單純只是離開膩煩三角舞台的選擇。

不用擔心，幸福是會傳染的，所以那份幸福終究會傳遞過去。

「教練」必修！按下創造者開關練習

這個提問練習，容易引發「受害者」變成「創造者」的轉換。
請試著提出以下的這組問題。

STEP 1 讓對方看見現在「擁有的」東西

你　「假設用滿分10分來表示人生的狀態，最低分的狀態是0分，最高分的狀態是10分，你現在的狀態是幾分？」

對方　「3分。」

你　「為什麼不是0分，而是3分呢？0～3分之間的差距是因為有哪些東西？」

對方　「（思考0～3之間的差距有哪些東西）」

＊對方會因為你問這個問題，改成關注「擁有的」。這個步驟的重點在於詢問「為什麼不是0分」，而不是「為什麼不是10分」。

STEP 2 和對方一起描繪「理想」

你　「雖然可能不會立刻實現，但對你來說，10分滿分是什麼樣的感覺？」

＊問這個問題，和對方一起具體地描繪出理想的狀態。即使是無法具體想像理想狀態的人，也能夠藉由提出10分滿分這個分數想像到畫面。對方沒辦法馬上回答也沒關係，請重視沉默的時間。把注意力放到未來這個行為本身，就是有意義的事情。

STEP 3 思考目前為此可以做出的行動

你　「假如要比現在提升0.5分，有什麼事是你可以做得到的？」或者是「在10分滿分的狀態中，有你現在馬上可以做得到的事嗎？」

對方　「（說出目前可以做得到的事）」

你　「請你去做，然後下次見面時，請一定要告訴我結果。」

＊透過像這樣看見現在擁有的東西，並且描繪理想、思考目前可以做得到的事情，就能建立起對方的創造者心態。

案例故事
After篇

看見改善後的人際關係

開頭的四個人（9頁）隨著他們嘗試了本書所寫的方法，變得有能力建立幸福的人際關係。

每一次閱讀都會被他們改變後的樣子激勵。

接下來輪到你了！

CASE 1

道德騷擾的丈夫與拒學的女兒，導致家庭分崩離析
⬇得到家人的幫助，挑戰心心念念的資格檢定考！

A小姐的後續（50多歲，與丈夫和念高一的女兒一起生活）

我在為丈夫的道德騷擾而煩惱時，亞里老師跟我說了這兩句話。

「別人的人生是別人的，不是妳的責任。」

「妳要思考如何讓妳的人生變幸福。」

聽她這麼一說，我驚覺我總是想著家人的事，把自己的事往後延。不僅沒有想過自己想成為怎樣的人，或許也沒有珍惜自己。

在那之後，我問自己：「我想要做什麼？」浮現的想法是「我想要更努力工作」。

這麼說來，我在結婚前曾去專門學校上課，想要考取簿記證照，卻在中途放棄了。

「我想再挑戰一次看看。」

那天晚上，我跟丈夫和女兒說道。

「我想要開始學簿記。」

「我每個禮拜有兩個晚上要去學校上課。你們可以幫我一下嗎？」

女兒立刻回答：

「媽媽以前一直都在為這個家努力付出，這次妳去為自己的學習而努力吧。妳去上學的日子，我會和爸爸一起想辦法的，所以儘管放心。」

後來我去上學的日子，丈夫會做晚餐，女兒則負責洗碗和打掃浴室。

剛開始的時候，我內心很緊張，心想：「真的沒問題嗎？他們做得來嗎？老公會不會生氣？」但他們兩個做得很好。

託他們的福，我也有了念書的時間。

感謝的心情油然而生，某天，我在吃飯的時候告訴他們：

「一直以來謝謝你們。多虧有你們，我才能好好地念書。真的很感謝你們。」

「說起來，像這樣向你們傳達感謝的心情，不知道是多久前的事了。」

緊接著，女兒說了：

「我過去都覺得理所當然，但媽媽做的菜果然很好吃。」

「之前爸爸做菜給我吃，不只是肉燒焦了，連味道也很淡，一點都不好吃。」

隨後丈夫不好意思地說：

「喂，妳不是說好會保密嗎？做菜很難耶。」

「我也在想要來稍微學一下做菜，如果有什麼想吃的，我都接受點餐。」

一家人好久沒有這樣和樂融融了，感覺好開心。

我也很久沒看到丈夫的笑容了。

「要是我早點拜託大家就好了。」

「不要一個人太過拚命，而是同時依賴家人，接下來我也要繼續這麼做。」

我現在真的覺得每天都過得很快樂。

CASE 2

總是忍不住對孩子發火

⬇孩子忘東忘西的次數減少，早上也能自動起床！

B小姐的後續（30多歲，與丈夫和念小五的女兒一起生活）

我總是忍不住出口管教孩子。但這麼做是不行的，於是我用了跟亞里老師學到的方法，先思考女兒的「優勢」，然後相信她。

「女兒會用自己的速度確實地完成作業。所以，她能夠自己做好所有的事。」

我也告訴女兒：

「妳是可以做好自己的事的小孩，所以我決定相信妳。」

包含確認隔天的課表，我也全部交給女兒自己處理。

我用盡全力忍住想多嘴的心情。如果我有什麼想說的，就跑去廁所避難，或是打掃浴室轉移注意力。

隔天，女兒從學校回來了。她這天忘記帶泳裝，體育課時好像沒能下游泳池。不過這也是一種經驗。

當我注意到的時候，女兒正一邊看著課表，一邊準備需要的物品。她還進一步地把備忘清單貼在玄關的大門上。

每天早上要離開家門前，她都會檢查身上帶的東西。

「哎呀，她好像變得不太一樣了……」

我下定決心，一定要改掉拚命做好一切的習慣！

在睡覺前，我跟女兒宣布：

「妳已經有辦法自己起床，不用我擔心了吧？」

「所以從明天起，媽媽就不來叫你起床了喔。」

就這樣，原本怎麼叫都叫不起床的女兒，變得會自己在平常該起床的時間起來，雖然還是拖到最後一刻，但她進步了。

遲到或不會遲到，都是她自己的責任。這樣不是很好嗎？

不久之後，老公也開始說：

「女兒最近忘記東西的次數減少了，很努力呢。」

我察覺到，過去我都覺得「要是她忘記東西，會很可憐」、「我認為這是母親的責任」，承擔了太多行動的責任和結果。

除此之外，以前我總覺得讓女兒上好的學校，到好的公司就職，才是女兒的幸福，但我意識到那是我擅自認定的成見，這讓我再次下定決心。

「女兒的人生是女兒的。我作為母親，會在自己的能力範圍內提供協助。負責為未來鋪路的是當事人。所以，我要讓女兒做她想做的事。我要默默地守護她。」

因為女兒的狀況不用嘮叨就改善許多，我感到神清氣爽。

「以後我不要老是照顧女兒，要多珍惜自己的時間。」

「要從做哪件事情開始呢？對了，好想久違地去一趟家族旅遊。要去哪裡好呢？」

一想到就無法克制，既興奮又期待。

CASE 3

明明很努力，班上學生不守規矩幾乎失控

⬇班級變成全校榜樣，既歡樂又充滿活力！

C小姐的後續（40多歲，小學老師）

班級經營得不好，問題一大堆，健康也亮紅燈……。

就在我不知所措的時候，參加了亞里老師的講座，並且馬上把「列出今天發生的三件好事」當作每天睡前的例行活動。

・我今天也看到了孩子的笑容
・孩子們有認真聽課，很開心
・營養午餐很好吃

「雖然有靜不下來的孩子，但也有認真聽我上課的孩子。光是回想他們認真聽課的樣子，我的心情就會變好。對了，今天還有發生一件好事。我最近常睡不好，但今天久違地睡得很熟，早上起來感覺神清氣爽。我多久沒有迎接這麼舒爽的早晨了？」

我重新思考過了，我還是很享受和孩子們的互動，我發現這會讓我變得有活力。

「是不是該辭掉學校的工作」的心情，自然而然地離我遠去。

「啊，對了。我也來問問孩子們今天發生的好事吧。」

我決定在班會時間，讓孩子們一一分享今天發生的好事。我這麼做之後，孩子們的眼睛開始發亮，積極參與課堂討論的學生變多了。

就連一開始不想分享的孩子，隨著時間過去，也變得會說：「老師，妳聽我說！」一副非常想分享的模樣。甚至是拒絕上學的學生，也開始來學校上課了。

原本是一盤散沙的班級越來越有凝聚力，簡直就像脫胎換骨一樣。

全班在畢業典禮的一個月前選好了當天要唱的歌曲，每天非常努力地練習。

然後在畢業典禮當天團結一心，讓我聽見了他們至今為止最美好的歌聲。

最後大家一起又哭又笑……成了最棒的畢業典禮。

隔年我負責帶四年級的班級。我用ACR（見198頁）一一問出每個人感興趣的事情，在找出孩子們的「優勢」後，回饋給孩子本人。這麼做之後，孩子們有了驚人的自信，不僅會積極地說出他們想要做的事情，還會去實踐它。

其他班級的老師們很驚訝地表示：「4年A班真是活潑又有朝氣，是發生了什麼事嗎？」甚至校長也直接跟我說：「感覺妳把班級經營得很好，希望妳能把祕訣教給全校的老師。」而把訓練課程交給了我。

我的生活也產生了巨大的變化。

為了讓自己待在「教練」的角色，我開始以積極地滿足自己為優先。

如果覺得有點累，我會立刻中斷工作，喝杯茶、休息一下，讓自己能夠轉換心情。

可以明天再處理的事情，我會放到隔天，早點回家泡在添加喜歡的香氛精油的浴缸裡聽音樂，或是早點睡覺。

當我注意到時，去醫院的次數已慢慢減少，服藥量也大幅縮減。

自從學會了慰勞自己，我也在不知不覺中，變得能夠溫柔地對待他人。敏銳的學生跟我說：「老師，妳好像變得比以前溫柔了。」

看來我以前很可怕呢。（笑）

沒想到只是稍微改變思考模式，孩子們以及整個班級都能有如此劇烈的轉變，而且連我的健康狀況也變好了。這是我在幾個月前根本想像不到的。

最令我開心的，莫過於我開始深深地覺得「成為老師果然太好了，我要一直做下去」。

CASE 4

下屬不積極、缺乏工作幹勁

⬇成功締造全公司最有活力的團隊！

D先生的後續（40多歲，公司部長）

我為了解決下屬沒有幹勁的煩惱，而去聽了亞里老師的講座後，決定先和下屬談談。

「你想用怎樣的方式工作？」

「你為什麼這麼想？」

後來就連最初不太願意開口的下屬，也慢慢變得願意說出意見了。他們說的全都是我自己沒想到的。

「這樣啊，原來我之前一直把自己的標準強加到大家的身上。」

全部聽完後，我的下一步是給每一位部下回饋，說出他們的「優勢」。

「你的分析能力很準確，很棒。以後也要繼續拜託你囉。」

「你工作非常細心呢。」

我說完之後——

「咦，我分析得很準確嗎？太好了，我之前還有點不安，不過能聽到你這麼說，我現在有自信了。」

「我第一次被人家說細心。我每次工作都做得很慢，一直惴惴不安。能聽到你這麼說，我非常開心。」

大家都瞬間露出喜悅的表情，說出了「我以後想要多多嘗試什麼樣的事」，讓我在關於未來的展望上，也能夠聽取大家的意見。

事後，我舉行了團隊會議。團隊裡的每個人，都參加了正向心理學家開發的「優勢測驗」。由於已經告訴過他們個人的「優勢」，所以我們要在運用那些優勢的同時，設定出團隊整體的目標。為此每個人都必須針對自己做得到的事情，提出各自的構想。緊接著，最初看起來沒有幹勁的部下們，接二連三地提出了意見。

「我過去或許太強迫別人接受自己的意見，或是先替別人擔心太多了。要是能早點用這樣的形式工作，可能就不會有像H那樣辭職的人了。」

「我要相信大家都是可以達成目標的人，改掉管太多的習慣。」

自此之後，我決定團隊內部每週要分享一次「本週發生的好事」。在持續這麼做的過程中，不僅部門內的溝通變得順暢，我也看到下屬開始有了做事的動力。團隊變得有活力，就連業績也隨之往上提升。

「能待在這個團隊真是太好了，總覺得工作變開心了。」

我甚至還聽見了這樣的意見。

「很好，我要照著這個步調，打造出最強的團隊！」

結語

成爲你自己人生的創造者

感謝你從眾多書籍中選擇了本書。

前陣子，我在東京舉辦了第二屆學習逆轉「膩煩三角」爲「幸福三角」的輔導技巧的「正向心理學培訓講座」結業派對。

那場講座總共有150人參加，分別來自全球9個國家，包括日本、美國、加拿大、法國、荷蘭、義大利、澳洲、越南、象牙海岸共和國。

然後是結業式，有超過120人來到了春天的東京，他們來自日本、美國、加拿大、澳洲、越南這5個國家。

其中居然還包含了在我建構這個理論時，曾找我諮商的學生E小姐。我在會場和她聊了一下。

Ｅ小姐在大學因就職活動陷入苦戰時，在他人的建議下來到了諮商室。她當時情緒非常低落。她說：「我那時很沮喪，妳卻跟我說『在我們下次見面前，請妳盡量找找有哪些好事』。我雖然覺得『爲什麼要這樣？』，還是慢慢地關注起好事。」

Ｅ小姐也清楚地記得，我請她做「搭乘時光機，去看理想未來！」的練習時發生的事。如今已經過了10年以上。她說自己的現況，完全就是當時看到的未來。我感到非常開心。

當時的事情，我也記憶猶新。失去自信的Ｅ小姐在諮商室裡，想起了她以前喜歡的事情，並且透過ＶＩＡ性格優勢測驗，仔細地理解自己的優勢。漸漸地，Ｅ小姐達成想做的事情，也建立起了自信，她在接受下一次的就職面試後，一次就被屬意的公司錄取了。

我在結業派對上，聽其他參加講座的學生的演講或最終發表，仍然有非常多打出「逆轉人生全壘打！」的人。

- ·自我肯定感一直很低
- ·親子關係一直很差
- ·一直不擅長與人交往

曾有以上狀況的人，變得「覺得自我肯定感很低這件事不太對勁」、「第一次被父親誇獎，拿到了壓歲錢」、「交到許多朋友，開始喜歡人群」。成爲人生的創造者，眞的是很棒的事呢。

請你也不要忘記，「人生由你決定，你可以把它打造成任何模樣」。

我以前待在一個沒有夢想、走投無路的處境。

我20歲只有國中畢業又沒錢的時候，每天過著一邊在紐約的餐廳打全天工，一邊上大學的日子。那個時期我都在幫助其他留學生，自己卻沒辦法依賴他人，孤軍奮戰。也因爲完美主義，總是責罵可愛的孩子們，承受僞單親之苦。由於僞單親實在太痛苦，所以我放棄了好不容易累積的職業生涯，變成了沒有工作的人。紐約的物價太高，我過著甚至連自己的床都買不起的生活。那是喜歡的城市住宅太昂貴，因此搬到了鄉下的時期，也是完全符合「我工作完再繼續第二份工作，然而生活卻沒有變輕鬆，我默默凝視雙手」這段話的時期。我與家人的關係變差，衝出了家門。工作才剛順利地發展起來，就發現罹患癌症……。

我不知道該如何是好。可是我運用本書裡面的方法，保持創造者心態，採取了一個又一個的行動。

然後，我確實「逆轉」了。

現在我成了夢想中的「心理學家」，也有了大把的時間和金錢，住在喜歡又符合理想的城市住宅。我與家人的關係獲得改善，也變得能夠依賴別人，如果我飛往世界各地，會有許多人溫暖地迎接我。我的癌症已經徹底痊癒，理想中的床最近才送到了新家！

這段「結語」，正好是我在從東京飛往巴黎的飛機上寫的。我要去巴黎與最愛的女兒會合。

人生會發生各式各樣的事情，但沒有任何人可以妨礙你活成一個創造者。

好了，現在換你了，你想要的是什麼呢？

Eurasian Publishing Group
圓神出版事業機構
用心與你對話 · 視野無限寬廣
如何出版社
Solutions Publishing

www.booklife.com.tw reader@mail.eurasian.com.tw

Happy Learning 219

逆轉不和諧人際關係，從此難受、痛苦全數終結！

作　　者／松村亞里
譯　　者／陳靖涵
發 行 人／簡志忠
出 版 者／如何出版社有限公司
地　　址／臺北市南京東路四段50號6樓之1
電　　話／（02）2579-6600 · 2579-8800 · 2570-3939
傳　　真／（02）2579-0338 · 2577-3220 · 2570-3636
副 社 長／陳秋月
副總編輯／賴良珠
資深主編／黃淑雲
責任編輯／張雅慧
校　　對／張雅慧 · 柳怡如
美術編輯／李家宜
行銷企畫／陳禹伶 · 朱智琳
印務統籌／劉鳳剛 · 高榮祥
監　　印／高榮祥
排　　版／莊寶鈴
經 銷 商／叩應股份有限公司
郵撥帳號／ 18707239
法律顧問／圓神出版事業機構法律顧問　蕭雄淋律師
印　　刷／祥峰印刷廠
2025年10月　初版

定價 360 元　ISBN 978-986-136-745-3

事情進展不順利，不是你的錯！

·道德騷擾的丈夫與拒學的女兒，導致家庭分崩離析

·總是忍不住對孩子發火

·明明很努力了，班上學生不守規矩幾乎失控

·下屬不積極、缺乏工作幹勁

Before：徹底解決破碎關係→After：逆轉爲理想關係

本書將引導你開創出超乎想像的未來！

——《逆轉不和諧人際關係，從此難受、痛苦全數終結！》

國家圖書館出版品預行編目資料

逆轉不和諧人際關係，從此難受、痛苦全數終結！/ 松村亞里著；陳靖涵譯. -- 初版. -- 臺北市：如何出版社有限公司, 2025.10

256 面；14.8×20.8公分 --（Happy Learning；219）

ISBN 978-986-136-745-3（平裝）

1.CST: 人際關係

177.3　　114011610

うまくいかない人間関係逆転の法則

うまくいかない人間関係逆転の法則

うまくいかない人間関係逆転の法則

うまくいかない人間関係逆転の法則